生命之探2：澄心向愛行

◎傅木龍 著

撒播良善與真愛的種子

吳清基

　　本書作者傅木龍博士，於民國72年至76年就讀國立台灣師範大學夜間在職進修班時，是我的學生；於82年至87年就讀國立政治大學教育博士班時，也跨校到台灣師大修讀我的課程。木龍是位勤學苦讀的青年，自新竹師專畢業後，即透過在職進修，獲得台灣師範大學教育學士、高雄師範大學教育學碩士、政治大學教育學博士；期間，也通過公務人員出國進修，前往英國倫敦大學教育學院進行半年之專題研究。而在國家考試方面，亦通過教育行政普考、乙等特考、教育行政高考，歷練台北市政府教育局、教育部國民教育司、行政院第六組，目前任職本部訓育委員會專門委員兼祕書，負責人權、品德、生命、輔導管教、服務學習及性別平等教育等學生事務與輔導工作政策之規劃與執行，為促進友善校園及全人教育，奠定良好之根基；亦於公餘時間，在教育大學兼職授課，連結教育理念與實務，提供莘莘學子多元且豐富之學習。

　　本書《生命之探2：澄心向愛行》是作者繼《生命之探：來去間的智慧》一書後之新作，共計有十六篇，其主要內涵包括探討品德教育、生命教育、親職教育、班級經營、人文素養以及人生價值之推動等。作者以童年農村簡樸、勤苦之成長經驗，反思現代物質文明社會之迷思與矛盾，勉勵我們要能惜福愛物，也以開放社會之多元與包容價值，提醒現代父母及教育工作者應加強人

文素養，才能學會欣賞孩子之獨一無二並鼓勵孩子勇敢做自己；更以自身求學與公職道路之轉折，鼓舞社會大眾走向行善大道，在忙碌中開創生命之意義與價值。

全書旨在用愛培育孩子，撒播希望的種子；也以正向的思維，開啟行善的動力。誠然，教育的可貴即在於無私無我的大愛，這樣的愛，是慈悲且智慧的、是理性且感性的。如此之愛，讓人溫暖，可以治癒傷痛，給人力量，增進信心。德國大文豪歌德在《少年維特的煩惱》一書中提到：「在這世界上，只有愛可以讓一個人成為無可取代存在的價值。」的確，任何地位、頭銜，都可能因著時空而更替或下台；但我深信，有愛的人，永遠不會下台；行善的人，可以走遍天下。同樣的，只要用心，學校和老師都可能成為孩子生命中的貴人；只要老師展現熱忱，願意主動伸出手，就可能開啟孩子心靈，讓孩子感受溫馨，感受無限的希望！每個孩子都是一顆希望的種子，每顆種子要有適合他的土壤、空氣和水才可以順利發芽成長。孩子的價值，不是用尺碼或磅秤來衡量的商品，而是與生俱來且獨一無二的主體，只要給予支持與正確的引導，孩子也會一直保有它。

我們常說，一個善行會牽動著另一個善行，善行從來都不是孤獨的。作者以實際生活事例，體驗「行道」的感動；將版稅奉捐慈善單位，實踐「關懷」的價值，個人深表肯定與贊同。閱讀本書，更讓我們體會到，好事要快做，做慢了就不好；好事要大家一起做，一個人的力量是有限的。只要有愛，就有無限的希望；只要有行動，就有無窮的力量；只要願意，人間大愛就無所不在；只要不放棄，每個問題，都是超越的契機。我們能數出一

粒蘋果有多少顆種子，但卻無法估算一顆種子能結多少粒蘋果。一顆種子的宇宙有多大？一個希望的世界有多美？一個孩子未來對社會的貢獻有多少？這些答案必須靠我們用心靈和想像予以留存，更要用行動與堅持予以灌溉。因為，他們都是希望的種子，值得我們耕耘及等待，真誠的呼籲，讓我們一起做一個播種的園丁！

（本推薦序作者為教育部部長吳清基博士）

推薦序——撒播良善與真愛的種子

創造向上提升的能量——善念與善行

　　在網路無國界的時代，本應提供人們更多元、更快速的學習與成長，但卻因種種的迷思與誤用，造成人際的疏離、社會的冷漠；也導致貧富差距的擴大、社會階級的對立。面對大環境的紛亂，有人選擇批評、抱怨，自困愁城；也有人選擇積極面對、改善，為生命的道路播下希望的種子。當全台灣都在急著尋找一把失落的鑰匙，一把解決學子升學壓力與縮短貧富差距的萬能鑰匙時，我們是否可以扮演更積極正向的角色！

　　「人」字有兩筆，一筆寫出生，一筆寫往生；一筆寫生活，一筆寫生命；一筆寫物質，一筆寫價值；一筆寫自我，一筆寫超我；一筆寫私愛，一筆寫大愛。簡單兩筆蘊含無限意義與價值，也顯示出人的有機性，提醒我們人生具有蛻變與轉化的機制，生命具有延續與圓融的向性。在這不斷變動的歷程中，是向上與向善或是向下與沉淪，除了自我的發展，尤需要提供更多生命的支點。這個支點，就在「人」字兩筆交接處，就把他界定為「愛」。因為，愛乃人的天性，愛人是一件自然而然的事，沒有矯揉虛假，如同小孩不會捏造或隱瞞自己的感受一樣。愛既是人的天性，藉由教育與學習，能不斷的開啟與發展，使之成熟與圓融。教育之愛，乃是教育工作者引導孩子走向自己人生的過程。在此輕柔的歷程中，包含著無數的尊重、包容、寬恕、啟迪與引導，讓孩子在如沐春風中，接受智慧與慈悲的薰陶，進而涵養愛

人、愛己、愛生命的真愛。我們深信，愛是連結生與死之間的橋樑，也是融解孤獨、冷漠與仇恨的最佳元素，更是生命存在的唯一意義。人是需要互相關懷的，即使是一句鼓舞的話、一個關懷的眼神、一點小小的心意，往往能改變一個人的生活與生命。因此，我們要清楚的告訴彼此，可以選擇作為愛人者，也可以作為被愛者，因為沒有了愛，也等於沒有了人生。

在我們的成長過程中，經常被要求「完美」的表現。其實，「完美」或「不完美」並沒有確切的標準，如果有，也只是個人或社會不同的喜好與價值取向罷了。更進一步來說，在成長生活中，沒有必然的「完美」，而是趨向完美的過程；也沒有絕對的「不完美」，而是短暫的「不完美」。因此，我們要學習看到並接受、珍惜自己的「不完美」，才能接納、包容、尊重孩子成長過程中短暫的「不完美」，進而引導其邁向成熟與完美的過程。如此看來，「不完美」更具有教育的意義與價值。正因為存在著這些小小的不完美，我們才能建構生命的美好。試觀現今社會，不缺教育，缺的是教養；不缺人才，缺的是人品；不缺知識，缺的是智慧；不缺技術，缺的是藝術；不缺經師，缺的是人師與良師；不缺辦公的官員，缺的是能憂以天下的公僕。對此，教育部吳部長清基博士，積極帶領教育同仁規劃推動生命教育、品德教育、友善校園，其中更以「每天學習（閱讀）30分鐘、運動30分鐘、日行一善」之「331」理念，鼓勵所有師生及社會大眾，以實際行動，深耕生命的意義、內涵與價值。

一般說來，我們關心的，遠比我們知道的少；我們知道的，遠比我們所愛的少；我們所愛的，遠比我們能愛的更少。或者

說，我們所付出的，遠比我們所擁有的少。在我們的社會，說道的人太多，行道的人太少，悟道的人更少，證道的人更是鳳毛麟角。人生苦短，生命只有在舞台出現的一剎那，才有價值；死亡和黑暗如同舞台背後的布幕，形影相隨；生命要有意義，要能不斷的攀峰，必須在舞台上發揮得淋漓盡致。因此，幾經思索，願以個人自我惕勵的「五ㄐㄧㄢ∨生活」，和大家分享與共勉，期能藉由「五ㄐㄧㄢ∨生活」，洗滌心靈、淨化物欲、改造社會、實踐大愛。其內涵包括五個面向，以品德為基礎，涵養心性，由內向外擴展開來。其一是簡──簡約生活（含素抱樸），亦即生活平淡、樸實，認真的過好每一天。其二是檢──檢省吾身（忠恕信實），能時時反省自己，推己及人，誠恕待人。其三是減──減低欲望（知足感恩），不求名利，不與人爭，減少與人的衝突與對立；減低生活中的欲望，減少資源的浪費，能知福惜福，心存感恩。其四是剪──剪除陋習（歸善存良），能真實面對自己，不以習慣為藉口，徹底斷除陋習，展現良善的本質。其五是撿──撿取渣滓（淬心礪性），一方面能隨時關懷周遭環境，愛惜地球資源；另方面涵養向上向善的力量，培養正向思考，並能欣賞與學習別人的優點。

美國民權運動領袖金恩博士曾說：「每一個人都可以是一位偉人，因為每一個人都能為別人付出！你不必要有高學歷才能為別人付出，⋯⋯你只要有著一顆慈悲的心，以及愛心的靈魂。」的確，在我們成長與生活過程中，只要多一點的用心，就可發現值得關懷與付出的事件；只要多一分真實的行動，就能創造令人感動的事例。只要願意，沒有年齡之分，每個人當下都可以伸出手成為別人的天使。誠如《聖經》所提醒的：「你手若有行善的

力量，不可推辭，就當向那應得的人施行。」（箴言第三章27節）藉由關懷與付出，我們看到自己本質中的善，發展出自信，也有助於我們度過艱難時刻。佛經《四十二章經》說道：「愛如一炬之火，萬火引之，其火如故」，的確，我們像是蠟燭，點燃別人的心燈，不但不會因而失去光亮，反而會同時讓自己的心靈更加充實、明亮與圓滿。

因此，付出永遠是人類真愛的寫照，也是人類最值得讚許的行為。無私的付出，能激勵內在的潛能，創造無限的價值，此種利他且利己的效應，將成為人類社會進步的重要動力。面對社會環境的急遽變遷，經歷教育改革的陣痛，看到校園學生種種的偏差行為，教育工作者除了嘆氣與隱藏內心的無奈外，還能做什麼？生死學大師庫伯勒—羅斯（Elisabeth Kübler-Ross）說過：「人生就像上學，老師給你很多功課。你學的越多，老師給你的功課越難。」我們面對的孩子，不論天資優劣、家庭社經高低，都擁有人生最樸實的純真與良善，就如同花的種子，只要種的人好好培養，時候到了，一定會開花。因此，無論面對怎樣的孩子，我們都必須接受他們的過去和現在、缺失與不完美，好好的聆聽與鼓勵。

勇者，腳下都是路；智者，知道走哪一條路最好；仁者，無所不包、無所不愛。自我忖度，我們究係何者？繼《生命之探：來去間的智慧》一書問世，斷續以工作體驗、生活感悟、教學對話、社會觀察、閱讀領會為內涵，發表數篇文章。為讓生命的意義與價值，得以分享與闡揚，茲特予彙集，感謝心理出版社慨允協助出版，編輯小姐汝穎的精準校對，尤為感佩。這一路走

來，因著所有師長、同仁、好友的鼓勵與指正，更豐富了本書的內涵；內人忙於工作、家務之際，給予無限的包容與支持，讓我得以堅持走向一條對的路；小女於專注課業的同時，也能隨時分享生活點滴，讓生活得到更多的歡笑與溫馨。生命的喜悅不在擁有，而在付出與分享，為力行我所說、所想，做個簡單的行道者，誠心的將本書版稅奉捐給慈善單位。

傅木龍

2011年5月

生命之探 2：澄心向愛行

目次

1.

一念之間——成就與眾不同的孩子

❧ 今非昔比——問題在哪裡

傳統的農業社會，長輩們忙於生計，一心掛慮的是孩子三餐能否溫飽；孩子摔倒了，父母一句略帶命令的語氣：「**趕快起來！**」孩子顧不得疼痛，趕緊爬起來，一副羞澀的神情，拍拍衣服的泥沙，好像什麼事都沒發生過。現代資訊的社會，父母焦急的是如何說服孩子多吃營養的美食；孩子不慎跌倒，當場所有看到的人都會迅雷不及掩耳的往前，邊扶邊拉、連哄帶騙的想要把孩子抱起來，驕縱的孩子甚且兩腳抵地僵持在地上，希望博得更多的同情與關愛。過去，孩子外出或上學穿衣服，由自己依照學校規定或自己判斷來決定；現在，有太多的孩子為了穿著，嘴裡不斷的嚷著「要穿什麼衣服」，父母雖然不耐煩，但還是在嘀咕中幫孩子做了決定。以前，父母跟孩子說話，多用直接且命令的語句（吃飯時間到了，把電視關起來）；現在父母不再告訴孩子該怎麼做，而是用更多的問句，徵求孩子的同意（時間不早了，關掉電視去睡覺，好不好？）。數十年前，人們生活較不寬鬆，多關注於飽與暖方面的事務，沒有太多比較與計較的心思，孩子有鞋穿就很高興，管它是草鞋、球鞋（運動鞋）還是皮鞋，因而學到了珍惜與感恩；孩子需要協助做家事，也從中體會父母的辛勞，培養一顆同理與體貼的心；孩子的求學，多在艱困中奮發向上，沒有太多的選擇，有書讀，有學校念就被認為是好命的孩子；當今，富裕的物質生活，樣樣都在比，事事都在爭，在比較之餘，常聽到的是抱怨與不滿的聲音，看到的是無奈與沮喪的神情；孩子的升學，成為全家、全社會、全國關注的焦點，即使有多樣化、多元化的選擇，掙扎與茫然較之過去，尤為沉重。

在成長過程中，犯錯是必然的歷程。以前的孩子犯錯，常須靠自己去面對，甚至不太敢讓父母知道，一方面怕父母擔心，一方面也害怕被責備，因此，做任何事情總會小心翼翼，做好事先的防範；即使犯錯，也較能勇敢面對，知道要為自己的行為負責，在犯錯過程中，學會了承擔與負責的精神。今天的孩子，因為有會賺錢的父母，擁有高級紀念鞋，已不稀奇；因為有望子成龍的父母，除了升學，已難得有機會在生活中學習；因為有不倒翁般的強壯父母做後盾，孩子較肆無顧忌的為所欲為；因為有愛面子的父母，以致孩子無法分辨是非；因為有放不下的父母，孩子過度依賴，無法培養獨立思考的能力。凡此種種，孩子失去學習責任的機會，也失去成長的空間，社會焉能不亂！環顧時下青少年的犯罪案件與不幸少女的墮胎案例，不得不警醒所有的父母在終日「為孩子好」的一廂情願思維中，更應停下腳步，好好思索青少年問題的根源。當社會上有那麼多「長不大的孩子」，我們更應反省怎樣才能教養出一個有責任、明辨是非、能感恩惜物、知進退、懂體貼的孩子，而不是替孩子把所有的事都想完、做完，才來抱怨孩子不知珍惜、不知變通；當有那麼多的孩子埋怨父母「沒有給他自主的空間與權利」時，我們是否願意調整心態並提供孩子真正成長的舞台？當社會不斷批評孩子不懂得孝順時，為人父母者是否了解真正的原委並努力做個好榜樣？

∽ 將相本無種——
每個孩子都不一樣，也都可以成為天才

在生活中，我們常用五隻長短不同的手指來說明每個人不同的天分、能力與人生，也藉以鼓舞每位孩子在既有的條件上，好

好珍惜並努力開創屬於自己的前程。的確，五隻手指，不一樣的長短，不一樣的大小，我們從來就沒有抱怨，也從來沒有期望要一樣長、一樣大。仔細思索，如果五隻手指都長得同樣長短、同樣大小，又將如何相互照應、相互合作，發揮應有的功能與價值？環顧整體社會追逐文憑、強調高學歷之際，2005年6月4日台灣大學舉行畢業典禮，邀請沒有念過大學的嚴長壽先生對台大畢業生演講，而美國史丹佛大學6月12日舉行之畢業典禮，也邀請沒有大學文憑的蘋果電腦公司與Pixar動畫製作室執行長賈伯斯（Steve Jobs）演講。這二所堪稱明星大學的作法，與一般畢業典禮邀請政治人物致詞的思維相較，確有獨到之處。嚴長壽先生雖然沒有念過大學，但他的成就與對社會的貢獻，遠遠超越許多念過大學的高學歷者。《天下雜誌》於1998年進行標竿企業調查（由企業家票選最佩服的前十名企業家），嚴長壽是唯一以服務業領域入榜的企業家，同時也是榜中唯二的專業經理人之一。嚴長壽在所著《總裁獅子心》一書中提到：「**我把自己當垃圾桶，把握每一個學習的機會，是我『收垃圾』的最大動力。這些垃圾，早成了我磨練自己的最佳素材，也成了造就我人生事業發展的重要基石。**」（嚴長壽，1997：15-18）是的，嚴長壽沒有世俗眼光中所稱的顯赫學歷，但卻在自我的淬鍊中，擁有令人崇敬的「學力」。他和台大畢業生分享的內容，不在世俗的知識，而是千錘百鍊得來的人生態度與智慧，他勉勵畢業生：「**不要期待別人來了解你，你必須打入新環境；當你面對一個新環境時，"It is you have to know the others."……或許在你的人生當中，你做的事不會有人知道，但我必須告訴你，你已經為你自己的生命，頒給自己一個偉大的獎章。**」同時，他也一再提醒畢業生不僅要關懷自己，

也要關懷別人，更深深的期許每個人在面臨困難與挑戰時，永遠都有勇氣，永遠都有迎向它、改變它的能力（嚴長壽，2005）。而賈伯斯在里德學院（Reed College）待了六個月就辦休學，而後又辦了退學。面對美國明星大學的畢業生，他所傳達的心聲，也不在專業知識，而是人生境遇中的點滴故事。他勉勵畢業生不要浪費時間活在別人的生活裡；也不要被信條所惑（他認為盲從信條就是活在別人思考的結果裡）；更不要讓別人的意見淹沒了你內在的心聲；此外，要設法找出你愛的（You've got to find what you love）；最重要的是要擁有跟隨內心與直覺的勇氣，因為，個人的內心與直覺多少已經知道你真正想要成為什麼樣的人（Jobs, 2005）。以上嚴長壽、賈伯斯二位企業界的佼佼者，超越世俗文憑的框架，勇敢且堅定的創造自己不凡的人生。渠等彰顯的意義，不僅是現代父母、教育工作者所應冷靜深思與面對，也是青年朋友最好的惕厲與典範。

同樣的，2005年《商業周刊》刊載之〈第十名狀元〉文章，也引起廣泛的回響與討論。該文介紹1989年，中國大陸杭州市天長小學老師周武受邀參加一次畢業學生的聚會。他發現那些已經擔任副教授、經理的學生，在學校時的成績並不十分出色；相反的，當年那些成績優異的好學生，成就卻平平。這個現象令他吃驚也引發他的好奇。他開始追蹤畢業班學生，經過十年、針對151位學生的追蹤調查，周武發現，學生的成長是一個動態的過程。在這種動態變化中，小學階段的好學生隨著年級升高，出現成績名次後移的現象。於是周武提出所謂「第十名現象」，也就是第十名左右的小學生，有著難以預想的潛能和創造力，讓他們未來在事業上嶄露頭角，出人頭地。這裡所指的第十名，並非剛

好第十名的學生，而是指成績中庸的學生。根據周武解釋，這個群體的共同特徵是：他們受老師和父母的關注不那麼多，學習的自主性更強、興趣更廣泛。至於名列前茅的學生因為得到父母、師長過分關注，過分強化學科成績，反而遏抑了潛能和學習自主性（引自曾寶璐，2005：104）。周武的調查，在周延度上雖有爭議處，但「第十名現象」的報導，卻也拋出幾個教育上值得深思的議題：(1) 究竟是分數重要，還是學習力重要？(2) 考第一名有用嗎？(3) 名次有多大價值？(4) 學生時代需要學會什麼，才具有永續競爭力？從「第十名狀元」的論點，不難發現世界各地都有類似的案例，值得我們警惕與深思。就以全球最富有之微軟董事長比爾‧蓋茲（Bill Gates）為例，他就讀哈佛大學時，因故未畢業，但依舊懷抱著夢想，開創自己的天地，學歷對他而言，已無特別意義。又以台灣地區來看，目前台面上的企業界名人，求學階段，多非屬課業成績突出的學生，但往後的發展，卻能傲視群雄，尤其為人耳熟能詳之台塑集團王永慶董事長，只有小學畢業，但「經營之神」的美稱，早已如雷貫耳；而鴻海集團郭台銘董事長於專科畢業後，即白手起家，創造了令人稱羨的佳績，成為當前企業學習的典範。

我們都知道，學習絕對不是線性的發展趨勢，每個階段可能有不同的快慢歷程與先後次序，重要的是在動態發展中，能清楚並掌握變異的脈動，如此，即使遇到挫折，甚且失敗，也能如杜威（John Dewey）所言，在失敗中學會「思考」，不管它是成功或失敗，都能學到東西。再以家喻戶曉之美國發明大王愛迪生（T. A. Edison）為例，他在學校求學時，經常問一些奇奇怪怪的問題，老師無法回答，也不知如何回答，只好告訴他的母親，

生命之探 2：澄心向愛行

他是無藥可救的笨蛋，但愛迪生的媽媽不但沒有因此而放棄他，反而不斷的引導與鼓勵他，終能在母親的啟迪與支持中，找回信心、找到自己的興趣與方向，成為影響世界文明發展的關鍵人物。而2005年是愛因斯坦（Albert Einstein）發表「相對論」的一百週年。根據相關報導，當年愛因斯坦在中學念書時，師長們告訴他的父親，以後，不管做什麼事，他都不可能有所成就，而這位偉大的科學家，在大學畢業後，當時還沒成名的他曾經回到母校找老師，但老師根本不認識他，還以為愛因斯坦是一個想借錢而謊稱是他學生的小混混（引自曾寶璐，2005：104）。我們常說：「**人生不是一定要得到什麼，重要的是學到了什麼。**」果真如此，人生再也無須擔憂失去什麼，更沒有非得要斤斤計較的焦躁。這樣的人生，應該是自主且自在的。孩子的人生，不也應如此嗎？面對e化的社會，終身學習已是必然趨勢，身為現代的父母與教育工作者，能否從以上的報導與事例中重新反思，從觀念的源頭適時調整，才能突破傳統升學的迷失、超越士大夫的窠臼，讓孩子如同五指不等長般，信心滿滿的成為行行的狀元。

ぞ 生命本無名──每個生命都有價值也都有出口

一個精子與卵子的結合，是生命的開始；嬰兒的呱呱落地，是生命的展現；當為小生命取了個名字，這一輩子跟著個體成長的名字，已為這獨一無二的生命確立了自己的主體性。他看似渺小，卻蘊含著無限的可能。回顧人類歷史的發展，所有偉大的發現與發明，不就是這小生命或者說是許許多多小生命共同的創舉。因此，不論是哪一種生命，在天地之間，都有其存在的價值，都應受到應有的尊重。我們常說，一顆種子可以長成大樹，

成就無數鳥兒的家園；也能成林，造就一片的山林美景。而那荒郊野外的小草，看似弱不禁風，輕風拂來，左右搖擺，還可能慘遭陌生人的踐踏扭曲，但來年的春天，依舊吐嫩芽、換新裝，欣欣向榮的迎朝陽。這無以名之的小草，總被人們忽略，但在大自然中，依舊能找到生存的空間與定位。看似無用的小草，在陽光、露水的滋潤下，就能生生不息，一旦積聚為大草原，蟲兒得以棲身其間，牛羊可因它而飽食，山川大地也因之而壯麗，人們的生活與視野也得以因它而伸展，胸襟氣度更為之開闊，誰說小草沒有用？誠謂一枝草一點露，一根小草有一根小草的作用，一片草原就能發揮一片草原的價值；同樣的，富有思想與創造能力的孩子，不也如同小草般，只要得到應有的養料，也能成長茁壯；只要不妄自菲薄，都會找到屬於自己的一片天空；不管未來扮演的角色如何，只要有一分熱，就發出一分的光，自然就能承擔責任，體現生命的價值。

　　法國詩人兼哲學家瓦勒利（Paul Valery）曾說：「**畫家應該畫他將要看到的，而不要畫他眼前看到的。**」（引自張子樟，1999：10）仔細推敲此短短字句，蘊含著深厚的哲理。如從眼光的角度思考，畫眼前看到的，代表的是具體的實物、立即性的滿足，甚且隱含著短視與狹隘；而畫那將要看到的，可能象徵著深遠的思維與遠景，亦蘊含著等待的毅力、不確定的夢幻與創造的可能。畫畫，是藝術，沒有太多的框架，才能突破有限空間的枷鎖；也是哲理，每一筆、每一畫都有它的意義與價值。畫畫如此，而人生如詩、如畫、如戲，不也更應有如此的思維與涵養嗎？父母給孩子的每一句話、每一個眼神，不也如同畫筆一般，深深的烙印在白紙般的心靈？眼前的孩子，看似未成熟、不夠成熟，但只要

用對方法並給予合適的養料，總會有成熟的可能；孩子的成績，起起落落，不盡如師長標準，但想想「第十名狀元」的現象，師長該珍惜的不就是健康快樂的孩子？孩子的身材外貌，可能不似世俗眼光的亮麗與標緻，但只要得到師長的真愛，依舊能展現生命的動能，創造不一樣的人生。

在極度競爭的現實生活中，也許部分的孩子對課業沒興趣，也許因為在競爭中挫折，但不代表他們在其他領域沒有能力、沒有作為，孩子只要找回自信，就能發揮潛能；只要得到適時的關懷與幫助，就能學會助人與感恩的情操。如此，有自信、能感恩、能助人的孩子，不就是當前社會最需要的青年嗎？而要培養如此的青年，父母、老師扮演著重要的關鍵角色。最近一個研究發現，養成孩子良好行為最重要的因素，不是管教得嚴不嚴，反而是父母參與孩子生活的程度，不參與孩子生活的父母最會體罰，孩子將來的問題最多（洪蘭，2005）。從教育的觀點而言，教養孩子首重平時理性的啟發和愛的付出，暴力懲罰孩子，無論親子或師生都扭曲了教育的價值。

2005年，新竹市家長聯合會與教師會公布「學生最討厭老師講的話」及「孩子最討厭爸媽講的話」統計結果，學生期望的其實很簡單，希望師長少禁止、羞辱和威脅，多鼓勵和支持。學生最不喜歡聽到老師說：閉嘴、不要、無知、廢物、你聽不懂是不是、被罰的人沒有資格講別人、要我講多少次、老師很想罵人、你國中完蛋了、你到底想怎樣等充滿禁止、羞辱和威脅的語詞。學生喜歡聽到老師說：加油喔、你一定可以、老師以你們為榮、你很讚、改掉就好了、老師相信你等鼓勵的話；另外，謝謝、成

熟了、長大了、你是個好學生等讚美也很受用，如果老師用「誠實、尊重、負責、下次不要再這樣了、小心一點、下次要記得帶作業」等話指導，學生也覺得很好。至於「最討厭爸媽講的話」包括：不可以、我數一二三……、大人講話什麼時候輪到你、還玩、快去做功課、閉嘴、你聽就好等禁止的話，另外如討厭、你很煩、你沒腦子啊、你是豬啊、笨蛋、白癡、敗家子、生了你算我倒楣、你去死好了、沒有用的東西、滾出去、我再也不想看到你了等羞辱和威脅的話，最讓孩子覺得受傷；在調查中，孩子普遍最希望爸媽對他們說：爸媽以你為榮、改掉就好了、沒關係、你盡力了、失敗沒關係但最要緊的是不放棄、你喜歡就好了、我支持你、寶貝我愛你等鼓勵的話，及真乖、好棒、不錯喔、有用心、真孝順等讚美的話（引自張念慈，2005）。曾有位老師以「在父母心中，我是一個怎樣的孩子？」為作文題目，要學生在三十分鐘內，以不假思索的方式敘述，有二十五位小朋友在時間內完成四百個字的文章，其中有三分之一的孩子自認是父母心中的壞小孩、是永遠長不大的小迷糊、不聽話的壞寶寶。也有小孩表示，只有當他有機會抱住媽媽時，才能感覺到媽媽對自己的關懷與愛，但是那時刻並不常有（引自紮根教育持續會，2004：76-78）。從以上的調查報告，不難發現孩子內心世界的需求與渴望，也不難理解為何有那麼多的孩子在無奈中忍受孤獨。所謂「良言一句三冬暖，惡語傷人六月寒」，我們都相信父母有愛，老師也有愛，但真正的愛是給予孩子正向的鼓勵與支持，提供孩子自我練習與自我超越的舞台，尤其，在孩子犯錯時，能給予包容與寬恕，並適時的引導與撫慰，即使，不得不給予責備，也應讓孩子知道「你只是這一件事做不好，但是，爸爸媽媽是永遠愛

著你」。如是之愛，乃包容之愛、支持之愛，也是智慧之愛與無求之愛，永遠把孩子當作生命的主體、學習的主人，期待現代的父母與師長能多加體會與實踐！

✎ 人生本無常——放下是佛，承擔也是佛

　　每當看到部分國家因為宗教信仰不同而引發的紛爭，我們深自慶幸生活在宗教信仰自由的國度。在美麗的寶島，什麼都有人信，什麼也有人拜，大至廟堂寶殿，小至路邊石頭，都存有信徒們虔誠的足跡。尤其在考季當下，廟堂香火沖天，無奇不有的祈求樣態，令人嘆為觀止。看看這些祈求者的神情，是那麼的真誠與莊嚴，就在那剎那，人的內在善意顯露無遺。心想，如果平時，也能如此謙卑，就不會口出穢言、苛責孩子；能如此真誠，就能包容孩子的無知，給予更多的鼓勵；能如此勤快，就能多參與親師活動，建立良性互動；能如此……在祈求之餘，有著太多的如此，只問祈求之心安在？記得南宋布袋和尚曾被問及：「**什麼是佛？**」他隨即彎下腰把布袋放在地上，亦即「**放下是佛！**」又被問：「**不能一輩子都放下，然後呢？**」他馬上彎腰拿起布袋，扛在肩膀上繼續往前走，所謂：「**承擔就是佛！**」看似簡單的動作，卻蘊含深遠的意義。當所有的父母為著孩子的課業而操心，為孩子的升學而掛慮時，能否也試著體會布袋和尚「放下」與「承擔」的真諦？環顧周遭，有太多的父母為孩子的未來而憂心忡忡，長時間的緊繃與掛慮，無法適度放下，因而衍生更多情感上的糾結及情緒上的紛擾，造成親子間的緊張、對立與衝突，導致無奈的「放棄」。從媒體報導，社會上層出不窮的「棄嬰」、「棄養」、「逃學」、「蹺家」等事件，不也印證了無法放下的

一念之間——成就與眾不同的孩子

惡果嗎？記得，慈濟證嚴上人也說過，對孩子的擔憂與掛慮，就某種角度而言，是一種無形的負擔與詛咒，彼此感受到的多屬壓力與負面的情緒；如果能放心與放下，孩子感受到的是信賴與肯定，那是一種無形的祝福與期許，將有助於孩子信心的建立，也有正向引導與鼓舞的功能。

　　平心而論，現在的父母都太忙，也都太急了，如果能重新調整觀念，正確看待孩子的學習，耐心的等待與引導孩子的身心發展，陪著孩子在每一件事的過程中學習，而不急著要求結果或標準答案，凡孩子自己能做的，應該讓他自己做，孩子自己能想的，應該讓他自己想。如此，父母放下與放手，小孩自然放心並勇敢學會成長，深信孩子就能如《侏羅紀公園》影片所說：「**每個生命都可以找到自己的出口。**」就常理而言，用積極正面的鼓勵來期待一個孩子的行為，他會發展出友善、關懷的氣質，並努力的往成功的方向邁進；而用「負面消極的批評與責備」來對待一個孩子，他會失去信心並產生敵意和對立，造成不良的行為。電影《窈窕淑女》中，依莉莎・杜莉說：「**我在哈金斯教授眼裡一直是個賣花女，他當我是個賣花女，而且會一直這麼做；但我知道我能成為你的淑女，因為你總是對待我像個淑女，而且你一直這麼做。**」簡短的語言，讓我們深刻感受到，淑女和賣花女之間的差別，不在她的舉止行為，而是她如何被對待。這不也是心理學常討論的「比馬龍效應」嗎？我們都知道，但我們知而不用，以致失去許多引導孩子成長的契機。期待父母、師長善用「期望」或「預言」的方式來幫助孩子達成自我實現，因為：「**植物總是朝向有陽光的地方伸展，孩子總是朝向讚美的方向成長。**」我也深信「人類不是環境的創造物，環境才是人類的創造物」，由此，我們更

生命之探 2：澄心向愛行

應堅信「孩子不是考試的機器，考試只是孩子練習的過程」。人生猶如萬里馬拉松，勝利不屬於健步如飛的運動家，而是屬於腳步永不停歇的人。身為父母，如能鼓勵孩子堅持人生的方向，不就能行行出狀元嗎？孩子的價值，不是用尺碼或磅秤來衡量的商品，而是與生俱來且獨一無二的主體，只要給予支持與正確的引導，孩子也會一直保有它。因此，我們必須正確的認知並教導孩子：「**無論何時，當周遭的人想要貶低你來顯揚他們自己時，請記住：沒有你的認同，沒有人可以使你感到自卑。在任何特定的環境中，我們都有一種最後的自由，就是選擇自己態度的自由。**」期待全天下的父母能從人生長遠發展的角度，欣賞孩子獨一無二的特質與價值，也能從生命的主體性，放下掛慮與偏執，尊重孩子自我選擇的自由。我們常說，發展健全人格的最好方法，就是讓孩子「喜歡自己、肯定自己」。深切的提醒父母、師長想一想孩子果真如此嗎？

（本文原刊載於《北縣教育》，2006年3月，第55期，頁49-54）

❀參考書目

洪　蘭（2005，10月18日）。先做監護人再做朋友。**國語日報**，12版。

張子樟（編著）（1999）。**英文名句欣賞**。台北：小魯文化。

張念慈（2005，4月29日）。「再也不想看到你」孩子最受傷。**聯合報**，C7版。

紮根教育持續會（2004）。**把這份智慧傳下去**。屏東：紮根教育持續會。

曾寶璐（2005）。第十名狀元。**商業周刊**，**909**，102-110。

嚴長壽（1997）。**總裁獅子心**。台北：平安文化。

一念之間──成就與眾不同的孩子

嚴長壽（2005）。**國立台灣大學93學年度畢業典禮貴賓致詞**。2006年1月20日，取自http://mis.cc.ntu.edu.tw/gc/

Jobs, S. (2005, June 14). *"You've got to find what you love, "Jobs says.* Retrieved from http://news-service.stanford.edu/news/2005/june15/jobs-061505.html）

生命之探2：澄心向愛行

2.

生命的如來──圓缺都自在

如果人生可以回頭，會如何面對？如果死能復生，會有何衝擊？沒有電的時代，閃爍昏暗的煤油燈，襯托出人們心靈的寧靜與光明；物質匱乏的農業社會，依時而作，靠天賴地，溫飽中有淡淡的滿足，揮汗如雨中有一份心靈的甘涼，人與自然共生共融，生命在日出日落中，回歸自然，雖有別離之痛與萬分的不捨，但這是無可迴避的人生大事，懂得認命與接受！曾幾何時，日新月異的科技文明，讓人們逐漸告別看天過活的日子。燈火即便通明，卻也阻擋不了塵垢的侵蝕，晦暗的陰霾，傳遞著令人不安的氣息；冷氣房中，原本朝氣蓬勃的毛細孔，也失去綻放汗珠的神氣，一個個孤單單的自我封閉；那些不愁吃穿的老小，卻哪根筋不對的不想做人，白髮送黑髮之錐心，無奈面對，也不願接受？人，號稱萬物之靈者，在物欲橫行的洪流中，載沉載浮，亟需找到上岸的依靠！

　　豔陽高照中，小草低垂卻不癱下，堅忍的等待夜幕的來臨，得以喘息、新陳代謝。翌日，依舊生氣盎然的迎向晨曦。枯黃的葉片，使勁的把養分回送枝幹，直到自然凋落。小草不屈，期待黑夜的降臨；葉片不死，只是隨緣凋零！生命的循環，自然的意境，在花草樹木間，帶給我們無限的驚奇與讚嘆！溫室的花朵，無法承受狂風暴雨；奢靡的享受，無法逆來順受。抱怨著社會的不公，哀鳴著人間的不義，生命盡在谷底，太陽之神又何以關照？

　　浩瀚宇宙，能知者如毛，卻無損於存在的價值。佐賀超級阿嬤面對昭廣老師的作文「我的爸爸」，懇切的提醒，不知道就寫不知道，解開昭廣的糾結，終能以「不知道」獲滿分。人生，有

生命之探 2：澄心向愛行

太多的不知，勇敢的說出來，「不知」可能就在剎那間轉化成舒坦的氣息而豁然「能知」。如此「簡單」的態度，不就是生命的自然與圓滿嗎？五祖弘忍的大弟子神秀以「身是菩提樹，心如明鏡台，時時勤拂拭，莫使惹塵埃」沾沾自得，卻令五祖搖頭嘆氣；六祖惠能以「菩提本無樹，明鏡亦非台，本來無一物，何處惹塵埃」而得以傳承衣鉢。捫心自問，生命的本質為何？維持生命的元素又是什麼？多少身體障礙者，飽受多方不便的煎熬，承受著生命的淬鍊，終能頭角崢嶸，這些人身上，看不到哀怨，也沒有不滿，卻深刻的流露著對受苦的感激與自我超越的感動。閃爍的星光，總在黑夜之際，生命的價值與不凡，不也在磨難的盡頭！

炎炎夏日，渴望藉由公車上的冷氣，得以舒緩路邊等車的暑氣，但司機先生一句：「**冷氣壞了！**」硬著頭皮，隨位坐下，開了窗戶，內外熱氣交流煎熬，汗珠不斷冒出，靠著椅背，背部更是濕黏，只得起身站立。有些乘客，未到目的地即匆匆下車，司機先生忙說：「**對不起！**」汗珠也隨即滑進口中，其敬業與忍受熱氣的毅力，令人感佩。到站，該我下車，順便謝道：「**司機先生，辛苦了！**」回以：「**沒辦法，遇到了，多忍耐點。沒有冷氣，也可以開得呱呱叫！**」短短數語，卻如醍醐灌頂，深自反思：「**不可逃避的挑戰，寧靜以對，會有更多的體悟。**」真的，念頭一轉，心就不煩。不一樣的角度，不一樣的思考，不一樣的心境，就會有不一樣的結果，全賴我們選擇面對或逃避。

生命的起始，是一份的喜悅、一份的期待；生命的發展，是一種蛻變、一種傳承；生命的果實，是千萬的淬鍊、無盡的付出

及億萬的感動。生命，本無高下，亦無尊卑。在這動態與多元的歷程中，只問它的「獨一無二」與「生生不息」。路邊小花自有其芳香；田埂小草亦有其翠綠。生命於天地，一切本自然。花草不曰苦，怎奈凡人苦難言！當我們跳脫那個只想到「自我」的心態，就有可能看到更多比我們不幸的人，正等著我們伸出援手，而我們也可能經由這樣的付出，讓生命表現得更精彩。人生難得，生是偶然，死是必然，在偶然與必然間，讓一切自然，則會有更多的超然。人生如搭車，上上下下，隨順自在；遇個坑洞，轉個彎，樂與苦，苦與樂，相伴相生，皆圓滿！

3.

生命——無所不在也無窮希望

❧ 讓我們一起感受——生命本無名也有名

人的生命是一連串的開展歷程，從無到有，又從有到無。從人類歷史的發展而言，個人生命的時間，可謂短暫與有限。但也正因其短暫，更顯得珍貴，因其有限，更顯示其獨一無二的主體性。這是人類必須面對與珍惜的成長歷程，也是人類最為珍貴的價值。但從另一角度而言，也可能因而讓人類在自我獨尊中迷失於傲慢與褊狹之迷霧中，窄化了「生命」的意涵與真諦，甚至戕害了人類之外的許許多多的「生命」，導致其他種種生命的破壞與流失，也讓自稱萬物之靈的人類，失去應有之「靈性」。

在我們的成長過程中，缺乏對生命的周延探討，也未能對生命的本質深刻體會，這是我們生命的不足，也是我們亟待補強的缺口。一百多年前，義大利作家愛德蒙多‧狄‧阿米契斯（Edmondo de Amicis）在《愛的教育》一書中，曾描述一位父親和國小四年級孩子的對話。父親問小孩：「**街道有沒有生命？**」孩子疑惑回以：「**街道怎麼會有生命？**」父親提醒：「**街道從何而來？**」孩子表示：「**看到一群建築工人將街道鋪設完成。**」父親再說：「**當街道鋪設完成，就有了某某街、某某巷。人類賦予街道生命。**」（康華倫譯，1996）如此，藉由生活周遭事物的觀察與對話，讓孩子發現街道也是有「生命」的，更進一步而言，地球上，每一項東西，都有其存在的緣起，也有其結束的時刻，從「無名」到「有名」，乃人類世界自我認知與詮釋的現象，也是生命轉化的過程。

ᥬ 讓我們一起體會──生命本自存也共存

　　在地球上，數不盡的生命，在每個角落，人們無法掌握，無從掌握，也無須掌握。翩翩飛舞的蝴蝶，讓多少的生命隨緣而生；風來風去，讓多少的種子飄落塵土；在陽光、空氣、水的滋潤中，孕育著無限的生命，這獨特的生命，自己存在，也與更多的生命同在。生命既是自存，就有其發展的空間，彼此間應有更多平等的對待、尊重與包容，才能營造多元與和諧的生存環境。尤其是人類，在謀求物質享受之際，能否深切感受傷害了多少無辜的生命？一隻小螞蟻在餐桌間覓食，所求不多，或是一粒白飯，或是一滴糖水，我們能有多少的包容？荒郊野外，一條小蛇橫過山間小路，我們能否給予應有的通行路權？

　　愛因斯坦於1932年9月初在柏林對德國人權聯盟（the German League of Human Rights）以「我的信條」（My Credo）為題發表演說，提到：「**人類來到地球上是很奇特的，我們不是被邀請，也不是自願的，做了短暫的停留就離開了，不知道為什麼？也不知道原因在哪裡？**」（容士毅譯，1995）直如愛因斯坦所言，每個人都是地球的過客，在短暫的停留時光中，為了生命，我們無法單獨生存，日常生活的必需品，幾乎都依賴我們不認識的人所供給，人與人、人與其他生命、人與自然形成生命的共同體，必須相互依賴、相互包容，才能蓬勃發展，創造生命的多樣性。莊子在《天地‧第十二篇》所說：「不同同之之謂大。」不也提醒我們，在生活的周遭，每個人、每個物體都是單獨的，但整合起來就能創造加成的力量，成就偉大的事功。已故諾貝爾和平獎得主德蕾莎（Theresa）修女也曾說：「你可以做我做不到的事，我也

可以做你做不到的事，我們一起合作，就可以完成偉大的事。」是的，生命隨緣自在，但卻也因其同在而創造更多的價值，人們能不好好營造生命「同在」的和諧環境嗎？

ᘓᘓ 讓我們一起感動──生命的超越與無所不在

保羅・科爾賀（Paulo Coelho）在所著《牧羊少年奇幻之旅》一書中提到：「**寶藏要靠流水的力量沖刷才能露出來，但也正是同一個力量把寶藏深埋在底下。**」（周惠玲譯，2004：32）從人類成長歷程觀察，每個生命都有無限的可能，擁有無數的寶藏，究竟是被挖掘而成才、成器或被埋葬而失落人間，全賴教育工作者專業的啟迪與耐心的循循善誘。面對年幼的孩子，我們習慣性的認為孩子無法獨立思考與決定，因而常以「我為你好」的上對下方式規範孩子。殊不知，只要適時引導與鼓勵，即使年幼的孩子也可以創造無限的奇蹟。《天下雜誌》曾介紹加拿大一位青年魁格・柯柏格（Craig Kielburger），在十二歲那年，也就是1995年某一天早上，從報紙上讀到一則巴基斯坦四歲男孩被賣為童工的悲慘故事，他大感驚訝，一樣是小孩，竟有這樣迥異的命運。在母親的鼓勵下，他到圖書館找資料，也在學校向同學演說，立刻湊了十幾個人共同成立「解放兒童」組織，希望能夠解放因為戰爭、貧窮而失學的孩子們。「我們這個世代總被假設是明天的領袖，我們一定要從今天就開始當家做主！」小小年紀的柯柏格就有雄心壯志，「兒童也能幫助兒童」（楊淑娟，2007：216-217）。

「兒童幫助兒童」是十二年前加拿大男孩魁格・柯柏格提出

生命之探 2：澄心向愛行

的口號。台北市立教育大學附小二年級的姚歡容，她為了讓偏遠地區兒童欣賞到精彩的藝術表演，勇敢的募款，自己設計活動，捐出玩具和書本來義賣。為吸引客人上門，她用國字和注音符號製作大海報，上面寫著「讓鄉鎮小朋友在家鄉看到人生第一次兒童劇」，所得捐給紙風車基金會，促成2007年3月24日在花蓮縣一場盛大的兒童劇演出。她只有八歲，但是她讓「兒童幫助兒童」的精神在台灣發光（趙瑜婷，2007）。輔仁大學師生二十三人在2006年8月底9月初，前往印度加爾各答已故德蕾莎修女創辦的「仁愛傳教修女會」所屬的「垂死之家」（House of Dying and Destitute），與世界各地志工一起奉獻大愛，並近距離體驗生死。參與的師生在停屍間一具小棺材上看到一張紙上寫著：「感謝你們幫助我們上天堂」，簡短字句，讓參與師生十分感動，也在瞬間融化原本對停屍間的恐怖心理，促使他們體會到「到那裡服務，愈能放掉自我，收穫愈多」（林家群，2006）。誠如馬塞爾‧普魯斯特（Marcel Proust）在《追憶似水年華》中說到：「……當昔日的一切都蕩然無有的時候，只有氣味和滋味長久存在。它們比較脆弱，但都更強韌、更無形、更持久、更忠實。好比是靈魂，它們等待人們去回憶、去期待、去盼望。當其他一切都化為廢墟時，它們那幾乎是無形的小點滴卻傲然負載著宏偉的回憶大廈……」（劉方、陸秉慧譯，1990）經由這樣的體驗與感悟，讓原本冰冷之「垂死之家」之名，儼然昇華為「生命之家」（House of Living）之大愛。也因為這樣的大愛，使得原本空間不大的「垂死之家」，呈現國際化的風貌，讓我們的生命感動更多的生命。

❧ 讓我們一起努力——圓生命的夢

佛經《法句經》中說：「花為何美，因它只是一心一意的開。」因此，在自己的工作崗位上，專注做好分內事，也是一種美。就以我們耳熟能詳之「曇花一現」為例，曇花都在晚上開，且開花的時間很短，等不及主人的欣賞與讚美，剎那間就凋零，但曇花不會因為沒有人欣賞、讚美，而怠惰不開。而海上燈塔，忍受風吹日曬雨打，依然屹立引領著茫茫的船隻，平安的航向旅程。同理，人們在工作崗位上兢兢業業，可能得不到掌聲，也可能被忽略，但我們如能思索並學習曇花的精神（該開花時，就開得淋漓盡致），做所當做，為所當為，在生命的旅程，也會綻放令人感佩的驚奇。

人活在世界上，各有其限制與命運，但也各有其選擇的機會，可以衡量如何才能開展生命的意義。工作是對生命的負責與承擔，工作沒有好壞，職位也沒有尊卑與高下，只要盡心盡力，都有它獨一無二的價值。印度詩哲泰戈爾（R. Tagore）曾說：**「生命因世界的需要而發現它的財富，因愛的需要而發現它的價值。」**（糜文開主譯，2003：18）也說：「塵土被侮辱，卻報以鮮花。」（同上：34）翻閱歷史上著名領導人，如耶穌、甘地、德蕾莎修女、孫運璿等傳記時發現，愈是艱難的處境，愈能激發為人類付出的決心與勇氣，這樣的生命大愛，帶給社會無限的感動與希望，誠如佛經《四十二章經》所提醒：愛如一炬之火，萬火引之，其火如故。美國偉大心理學家以及作家卡爾‧麥林格（Karl Menninger）在1990年去世前夕被問及，對於一些精神失調的病患們有些什麼建議，卡爾回答：**「他應當馬上離開家裡，越過**

鐵軌，找到一些值得幫助的人，為他們做一點事。」（李紹廷譯，2005）的確，當我們跳脫那個只想到「自我」的心態，就有可能看到更多比我們不幸的人，正等著我們伸出援手，而我們也可能經由這樣的付出，讓生命表現得更精彩。人生難得，生是偶然，死是必然，在偶然與必然間，讓一切自然，則會有更多的超然。

⚘ 參考書目

李紹廷（譯）（2005）。James C. Hunter著。**僕人——修練與實踐**（The world's most powerful leadership principle）。台北：商周。

林家群（2006，10月18日）。垂死之家震撼教育 師生難忘。**中國時報**，A10版。

周惠玲（譯）（2004）。Paulo Coelho著。**牧羊少年奇幻之旅**（The alchemist / A fable about following your dream）。台北：時報文化。

容士毅（譯）（1995）。Michael White, & John Gribbin著。**愛因斯坦**（Einstein: A life in science）。台北：牛頓。

康華倫（譯）（1996）。Edmondo de Amicis著。**愛的教育**（Cuore）。台北：希代書版。

楊淑娟（2007）。改變世界不必我長大。**天下雜誌2007教育特刊：獨立與探索**，**384**，216-220。

趙瑜婷（2007，4月2日）。姚歡容為後山兒童募戲。**國語日報**，15版。

劉 方、陸秉慧（譯）（1990）。Marcel Proust著。**追憶似水年華**（A la recherche du temps perdu）。台北：聯經。

糜文開（主譯）（2003）。Rabindranath Tagore 著。**泰戈爾詩集**。台北：三民書局。

生命——無所不在也無窮希望

生命之探 2：澄心向愛行

4.

正向思維——親師有「愛」孩子有「善」

☙ 壹、讓我們一起同理孩子的無奈

社會在變，學校在變，親子、師生、親師關係也在變，人世間分分秒秒無時無刻都在變，顯然，唯一的不變就是「變」。面對內外的「變」，親師教育應有所變，也應有所不變。親師教育應「變」的部分，是親師對孩子的期待與教養方法、親師溝通與合作機制；而「不變」的部分，則是教育的價值——培養健康快樂且與眾不同的孩子，教育的信念——教育大愛與永不放棄。

隨著少子女化的趨勢及高中職與大專學校的普及，進入大學已不成問題。但孩子課業與升學的壓力，依然未減。「行行出狀元」等崇高的理念，從古至今，依舊淪為對失意者催眠的口號；孩子失去學習的主體性，也失去自我決定的能力。以下是孩子面對的困境，也是當前教育的迷思。

一、孩子不知為何而學

在當前功利盛行的社會，不論是學校或社會、教師或父母，多以升學表現作為評量學校辦學、孩子績效的重要指標，在如此單一且窄化的思維中，親師一句「為孩子好」的託詞，早已讓沉重的書包，壓得孩子不止的喘息；日復一日的考試，讓孩子在分數的計量中，焦慮不安；做不完的功課，壓縮了多少睡眠的時間，致使孩子噩夢連連；一科又一科的補習，孩子成為上課的機器，焉能體會學習之快樂？親師迷失於升學，孩子受困於機械般的學習；親師明亮的眼睛，看重的是孩子的成績，卻看不到孩子迷惘的眼神；心中計較著升學的名校，卻不太能欣賞孩子努力的過程，也無法安撫孩子失落的情懷。學校默認、親師聯手，剝奪

孩子均衡發展、自我探索及獨立思考與決定的機會；對孩子缺乏信心，不願意放手，不相信孩子，孩子無法學習自主管理與自治自律，更談不上健全人格的培養。

二、孩子在不安中勉力而行

美國心理學家馬斯洛（A. H. Maslow）在1970年出版的《動機與人格》一書中，強調人類有生理的、安全的、愛與隸屬的、自尊的、認知的、美感的、自我實現等七個由下而上依序追尋的需求（張春興，2004：227-228）。由此，教育的本質，在於學習者主體性的開展與自我實現。但從教育現場觀察，有多少的孩子想到學校，心裡就不安；想到考試，心裡就害怕；尤其被歧視或被霸凌的孩子，「上學」已成為心中最大的夢魘。又有多少的孩子，放學不想回家，想到父母殷殷期盼的成績，就不由自主的焦慮。我們常說：世界上永遠有個地方點著一盞燈，永遠有個角落伸出一雙手。這一盞燈是給孩子溫暖、給孩子指引，這一雙手是給孩子支持、給孩子力量，這是孩子心靈的避風港，就是孩子的班級、孩子的家。捫心而問，班級、家真的是孩子心靈的避風港嗎？

三、孩子的五育失衡

德、智、體、群、美原本是我們為孩子健全發展所構思之重要內涵，但良法美意早在成年人的思維中喪失殆盡。認知、情意、技能、行為是教學的主要目標，但不論教師或家長所關心的，依舊是認知層次中最低層的知識層面，而針對認知較高的層次，如分析、評鑑（獨立思考與判斷），因為考試不考也考不出來，所以，常被忽略；另外影響孩子人格健全發展的情意陶冶，

更淪為考試的犧牲品。因而孩子的身心無法平衡發展，空有填鴨的知識，卻沒有強健的體魄；空有傲人的分數，卻缺乏豐厚的教養；沉迷於電玩，卻不知欣賞藝術；強調個人喜好，卻不重團體紀律。凡此窘境，親師盡知，學校、社會也皆知，受害的是孩子，更是未來國家的損失。

四、親師溝通的困境

在父母意識高漲的趨勢中，家長參與教育事務已是各國共同且普遍的潮流，尤其面對孩子行為的管教，更是父母關心的議題。過去，面對孩子的偏差行為，或許家長會期望教師嚴加管教，甚至默認教師對孩子施予體罰，但在少子女化及保護兒童受教權益的時代潮流中，採用符合教育專業與人權理念之管教措施與方式，已成為教師們必須面對與學習的議題；過往，對孩子的課業，父母也多尊重教師專業自主之安排與教導，但在強調個別化、適性化的教育思潮中，如何因材施教及有效教學，已激發更多家長關心教師教學與孩子學習的面向。凡此種種轉變，須仰賴教師專業的成長與對話，才能有效營造親師良性的互動與溝通。

∽ 貳、讓我們一起為孩子建構互信互賴與共同合作的友善氣氛

從許多的調查報告顯示，現代孩子的壓力多半來自於課業、人際關係等等。而身為教師及父母，應如何協助孩子建立正確價值觀及培養孩子面對壓力與紓解壓力的能力，是刻不容緩的重要課題。大前研一在《專業──你的唯一生存之道》一書提到：真正的專業人才，眼光永遠放在未來，面對的永遠是未知，永遠可

以在變動中學到新技能，永遠樂於接受挑戰而樂此不疲（呂美女譯，2006）。所以，身為教育專業的教師，眼前的孩子，就是無窮的希望與待啟迪的學習主體；對父母而言，孩子就是獨一無二的生命個體，自有其人生的價值與方向，而非滿足父母成就的工具。我們常說，把眼光焦點放在自己以外的地方，就能夠看得廣、看得遠；把心放在孩子未來的二十年，就不會因為一次考試的挫敗而責難孩子，也不會因為一次的偏差行為而放棄孩子。筆者認為教師及父母是孩子生命歷程中重要的關鍵人物，也是孩子邁向成功人生的「任督二脈」，因此，如何打通任督二脈，為孩子營造友善且優質的學習環境，是我們必須共同努力的方向。於此，筆者提供以下淺見作為參考。

一、親師各有所本並互為尊重

　　教育是專業的行業，已無庸置疑，而教師則是實踐教育專業的主要成員。因此，教師除應在教育事務上展現專業的特質與表現，更應持續終身學習，提升專業的涵養，尤其，面對來自不同家庭背景的孩子，更應以正確的教育理念、豐富的教育專業與積極的教育熱忱，主動接近孩子、了解孩子、啟迪孩子，而面對孩子的個別差異或管教衝突事件，如能以更寬廣、彈性及多元的方式予以妥善處理，當能贏得孩子的敬重與家長的信賴。

　　根據馬札諾（R. J. Marzano）於2000年分析學校對學生成績的影響及個別教師對學生的影響發現，即使服務於高度缺乏效能的學校，最有效能的教師仍然能使學生的學習大幅進步（賴麗珍譯，2006：5-7）。由此，教師更應在專業上展現應有的價值與功能，更要以謙卑的態度，展現柔軟且堅定的力量，不斷循循善

誘，轉化孩子的迷失與激勵孩子的信心。而父母則應扮演好親職教育的重要角色，營造親子溝通的友善機制，對孩子的學習與人生，建立正確的期望，誠如猶太家庭對孩子僅是單純的期望「成為與眾不同的孩子」，讓孩子在與眾不同中學習相互欣賞、相互合作。

Xitao Fan和Michael Chen在2001年對親子的研究中發現，孩子的家教規範對其在校的學業成績有10個百分點的關聯。顯然，教師為班級甚至家庭所設計和實施的規則和常規，對孩子在校的行為與學習有深遠的影響（賴麗珍譯，2006：25-26）。社會各行各業中都有其獨特的專業領域，必須不斷成長與發展，才能建立更高品質的專業形象，受到社會各界的信賴與景仰，好比醫生、律師、建築師等行業，總能讓顧客抱持高度的信賴感，而教育面對更多元的孩子與家庭，更應透過專業的服務，建立自身的專業形象。因此，教師與父母如能就各自的職責多加自我充實，並合適履行各自應負之責任，當能相互尊重並相互成長。

二、親師正向溝通並積極信賴與合作

正向是一種意念，一種思想，也是一種希望，更是一種力量，如同朗達·拜恩（Ronda Byrne）在《祕密》一書中提到的：**「生命的偉大祕密就是吸力法則，也就是同類相吸……吸力法則就是一種自然法則，跟重力一樣公正無私……一切力量來自內心，擁有正面思想的力量，可以改變一切，並主宰自己的命運。」**（謝明憲譯，2007）教育部以「正向管教工作計畫」積極落實禁止體罰的政策，而相關學者亦以「正向班級經營」作為培養孩子全人發展及解決校園暴力等衝突事件的有效策略，兩者對親師管教孩子均有重要之提醒與啟迪。

筆者認為，「正向」一詞，在親師溝通過程中蘊含積極、鼓勵、同理雙向且有效的作為，而不是消極或各自本位的抵制與反對。藉由「正向」的理念與關懷，可以傳達尊嚴、合作、尊重、參與、信任的信息，也可藉此激勵親師不斷的兼具理性與感性的對話，進而建立充分信賴與合作的機制。在整體教育中，教師與家長各有不同組織與不同的定位，如能互助互利、互信互賴、同善同利，就能創造雙贏。在《牧羊少年奇幻之旅》一書中提到：**「寶藏要靠流水的力量沖刷才能露出來，但也正是同一個力量把寶藏深埋在底下。」**（周惠玲譯，2004：32）從相關教育研究與理論的探討，每個孩子都有無限的潛能，擁有無數的寶藏，究竟是被挖掘而成才成器或被埋葬而失落人間，全賴教師與家長以共同的愛，營造孩子友善的學習環境！

⊗ 參、用對方法孩子都可以成為天才

　　從《優秀是教出來的》（悠文譯，2004）一書，可以深刻發現克拉克（Ron Clark）這位偉大的教師，以自己從小被祖母教出來的做人規矩為基準，花了極大的時間與心力和班上孩子共同討論、訂定班規，以此鼓勵孩子，也激勵自己。而從《第56號教室的奇蹟》（卞娜娜、陳怡君、凱恩譯，2008）一書，不也發現雷夫（Rafe Esquith）老師以專業素養及敬業熱忱，引導一群充滿貧窮與暴力的孩子脫胎換骨。以上教育現場的感人事蹟不也彰顯只要用對方法並秉持教育專業的涵養與態度，即使是處於社會邊緣的孩子，依舊可以經由循循善誘，啟迪孩子的良知良能，引導孩子重新找回自信與人生的方向。

而報章媒體亦曾報導九年前，一名罹患精神疾病的離職員警持刀闖進嘉義縣浸宣水上教會，將牧師闕明毅殺死，闕牧師的兩個女兒也受重傷，遭逢家庭劇變的牧師娘闕戴淑嫩哭了七天七夜，決定原諒凶手。她覺得，她丈夫無緣無故被殺，顯示社會病了，問題出在教育及家庭因素，讓她領悟到要從根本改變，為社會做些事情，決定開辦陪讀班，免費輔導流連網咖、遊蕩等弱勢學生。現在陪讀班共有四十二位國小學童，平均成績幾乎都在全班前五名，還有孩子一開始在班上成績是倒數第三名，到了國小畢業，拿到了校長獎。闕戴淑嫩說：「這樣的孩子都能拿到校長獎，還有什麼辦不到的？」（曾懿晴，2008）常言道：仇恨生仇恨，對立生對立，闕戴淑嫩用愛讓自己遠離恨，印證了《聖經》所說：「恨能挑啟爭端，愛能遮掩一切過錯」（箴言第十章12節）的至理名言。

　　蘇格蘭企業家兼慈善家杭特（Tom Hunter）曾說：「在世間的事務上，I do 比 IQ有用。」（唐勤譯，2007）筆者也深信，經由教師與家長的引導，我們的孩子多已具備某種程度的知識，如能引導孩子將知識與生活結合，轉化為人生的智慧，當能跳脫只想到「自我」的心態，看到更多比我們不幸的人，正等著我們伸出援手，而我們也可能經由這樣的付出，讓生命表現得更精彩。哈佛大學教授艾倫・南格（Ellen J. Langer）在她的研究中發現，只要人們在生活中擁有愈多做決定的機會，生命的誘因或動機就會愈強烈，而且比較不憂鬱，更獨立且自信，對事情也更敏銳，只要找回人性，必能減少不必要的「獸性」（劉彥碩，2008）。由上，筆者深切的期待教師與家長能用智慧啟迪孩子的純真，用同理體會孩子的無奈，用理性自我惕厲，用行動自我改變，並鼓

勵孩子用行動付出關懷，才能在多元價值與多變的社會中，為孩子建立友善的成長環境，培養孩子獨立思考與判斷的能力，成為孩子生命中的貴人。同時，也期待我們有一個共同的夢想：「就是有一天，我們孩子所學習與生活的地方，不再以成績、分數、升學、學位、成就來斷定一個人，而是以孩子的關懷行動與品格內涵來斷定一個人」。最後引用公視製播尋教改之路——《紐西蘭尋羊記》（曾希文，2007）片尾的一段話：「台灣的孩子放學多到補習班，他們白天在學校做什麼？」作為教師與家長共同省思與共同勉勵的針砭。

◈參考書目

卞娜娜、陳怡君、凱恩（譯）（2008）。Rafe Esquith著。**第56號教室的奇蹟**（Teach like your hair's on fire）。台北：高寶。

呂美女（譯）（2006）。大前研一著。**專業——你的唯一生存之道**。台北：天下文化。

周惠玲（譯）（2004）。Paulo Coelho著。**牧羊少年奇幻之旅**（The alchemist/ A fable about following your dream）。台北：時報文化。

唐　勤（譯）（2007）。Charles Handy著。**你拿什麼定義自己？**（Myself and other more important matters）。台北：天下文化。

張春興（2004）。**心理學概要**。台北：東華書局。

悠　文（譯）（2004）。Ron Clark著。**優秀是教出來的**（The essential 55）。台北：雅言文化。

曾希文（2007，10月19日）。尋教改之路　公視「紐西蘭尋羊記」今播出。**聯合報**，C3版。

曾懿晴（2008，9月2日）。放下仇恨　牧師娘課輔助弱勢。**聯合報**，C3版。

正向思維——親師有「愛」孩子有「善」

劉彥碩（2008，1月25日）。教育走正道找回人性。**國語日報**，13版。

賴麗珍（譯）（2006）。Robert J. Marzano等著。**有效的班級經營——**
以研究為根據的策略（Classroom management that works: Research-
based strategies for every teacher）。台北：心理。

謝明憲（譯）（2007）。Ronda Byrne著。**祕密**（The secret）。台北：方
智。

5.

永恆中的一瞬間——從小看大

∽ 前言——我們做對了什麼？

　　過去，街頭髒亂一直是老外對我們最大的詬病，也是我們社會環境衛生最嚴重的瘡傷。現在，政府大力倡導環保，民眾環保意識逐漸抬頭，街道清潔的維護日顯成效，呈現出先進社會應有的清新風貌。尤其，在許多公車站牌前擺置著熱心人士或團體捐贈的不鏽鋼清潔箱，方便路過民眾丟棄手上的垃圾，改善過去隨意丟棄垃圾的陋習。這看似便民的措施，仔細推敲，又有多少的缺失隱藏其中。首先，政府對清潔箱可以丟什麼、不可以丟什麼，並未有明確規定，以致民眾手上所有可能的垃圾都往裡頭丟，這些未分類的垃圾，勢必增加清潔工額外的負擔，也讓垃圾分類的觀念與措施無法深植人心與貫徹到底，影響民眾對政府執行環保政策的信心。曾聽岳父提及，在先進國家諸如瑞士等國，對公共場所擺置的清潔箱，有清楚的規範，哪些東西可以丟在裡面，哪些東西必須在家裡自行處理，讓民眾有所遵循，也藉以養成正確的觀念與作法，即使有觀光客不知情地把非規範的垃圾或廢物丟入裡頭，只要旁人發現，會迅速的出面勸導。又以住宿飯店為例，國內有些觀光客為減少行李的負荷，常會攜帶準備拋棄式的內衣褲，丟棄在旅館房間的垃圾桶，這種情形，在國內已司空見慣，飯店的服務員也習以為常的當作一般的垃圾處理。但在先進國家，飯店的服務員會把這丟棄的衣物整理妥善，放在房客的床上或適當的地方，提醒房客把它帶走，這些表面看起來簡單的行為，卻蘊含著多少環保的意識與價值。就此而言，我們的環保教育還有漫長的道路，必須靠政府及社會大眾共同努力。

　　其次，街頭的垃圾清潔箱方便了民眾，讓台北的街道乾淨了

生命之探 2：澄心向愛行

些許，但卻也衍生出意想不到的畫面。在鄰近清潔箱的周圍，常有民眾遺棄或塞不下的垃圾，經風吹、狗咬，零散四周，與潔淨的街道形成強烈的對比。雖然，環保單位定時派員清潔垃圾箱的垃圾，但幾次偶遇的觀察，清潔人員僅是快速的傾倒箱內的垃圾，而對四周的碎片、紙屑，卻視若無睹，正想趨前問他可否把四周垃圾順手清理，只見他匆匆跳上車啟動引擎，毫不回頭的往下個目標駛去，留下我滿心的疑惑——是這些清潔工看不到周遭的垃圾，還是……？上班等車的公車站牌前擺置的清潔箱，每隔一段時間總會有清潔人員前來保養，看他使勁的用抹布擦拭，不一會兒，這清潔箱又顯露出不鏽鋼亮晶晶的本色，頗有耳目一新之感。可是，耐人尋味的，地面上一片片的垃圾，依舊未獲得他關愛的眼神，孤零零的任人踩踏，由乳白變土黃，由完整的一塊變成滿布鞋印、撕裂且凹折的礙眼碎片。滿腹不解，我們不斷教導孩子看到垃圾要撿起來的觀念，這是你丟我撿的美德，成為身心健康的指標，在這方面，我們的孩子還算盡力，但作為維護清潔箱的清潔人員，卻未能隨時、隨手維護環境清潔。表面上，他是做到分內的工作，但卻未善盡現代公民的基本責任，更缺乏好國民應有的基本涵養。似此，清潔人員目下所及之垃圾，如未能隨手拾起，又如何期待社會大眾同心為之？

在家鄉住處的鄰近，有幾棵年近半百的老榕樹，枝葉交錯，生意盎然，已成為遮陽避雨的最佳天棚，也是老人談天、小孩嬉戲的溫馨園地。每天清晨，會有早起的長者，拿起竹掃把優游自在的清掃落葉，問問他們：「為何那麼勤快？」老人笑呵呵帶著滿臉的皺紋說道：「能動就是福氣，掃乾淨，大家好乘涼！」就這麼簡單的想法，讓這些老人滿心歡喜的樂在其中。反觀，領

薪水的清潔人員，把每個工作過度的分類，傾倒垃圾的、擦拭清潔箱的、掃馬路的……如此分工，各做各的，各管各的，缺乏橫向的統合，造成許多三不管的灰色地帶，也失去「整體」環境衛生應有的功能與價值，此種導致清潔工自掃門前雪的分工方式，不也反映當前我們教育及社會的深層問題嗎？當社會大眾迷失於成績升學、追逐於功名利祿；政府決策取決於譁眾取寵、專業屈服於少數民意、政策擺盪於短視與妥協，相對於這些清潔人員的表現，我們又何忍苛責與期待？英國浪漫詩人威廉‧布萊克（William Black）在一首啟人深思的〈天真之歌〉（Auguries of Innocence）中寫道：「**透過一粒沙子可以看到一個世界，在一朵野花中存在著整個天際，將無窮握於股掌之中，一個瞬間即是那永恆。**」（To see a world in a grain of sand, /And a heaven in a wild flower, /Hold infinity in the palm of your hand, /And eternity in an hour.）短短詩句，蘊含耐人尋味的哲理。的確，從清潔人員的表現，可以看到社會大眾服務的態度與品質，也可以發現國內人才培育的問題。當民眾感嘆社會治安敗壞、經濟衰退，政府是否願意自我反省、自我檢討、自我改進？當教育工作者無奈於青少年對電動玩具、網咖的迷戀，是否也能深入了解孩子們的內心世界、是否願意提供更人性與適切的學習環境？

∽ 我們能否坦然並正視孩子的發聲？

說話是與生俱來的本能，除了部分的聾啞，孩子從牙牙學語，就會好奇地說個不停，不論是自言自語或與周遭的人對答，都是孩子成長的必然現象。說話代表著內心世界的顯露，象徵著孩子主動的探索與學習，也隱含著孩子對生命的感受與互動。但

令人感嘆的，隨著年齡的成長，孩子和父母說的話愈來愈少，和老師分享的意願也日漸降低。當孩子不願意說、不肯說或不敢說時，孩子的內心將會堆積多少塵垢，這脆弱的心靈，又如何能承受沒有陽光、沒有生氣的沉悶？當看到某高工的孩子留下簡單的字條：「我下輩子再也不要當學生了！」就這樣無聲無息的離開了，留給老師及父母無限的悵然與傷悲。孩子，需要關懷，需要鼓勵，需要被接納，也需要學習在挫折中培養容忍的能力，更需要藉由種種的鍛鍊發現自己、成長自己。身為教育工作者，是否想過，我們可以提供、應該提供什麼樣的養料協助孩子獨立自主與成長？當孩子說話的本能逐漸流失，我們要如何引導與啟迪？當孩子無法說出內心的話、溫馨的話，當孩子出口就傷人時，我們又要如何予以包容與關懷？在2003年8月4日十幾位高中生到教育部和黃部長及相關同仁對話時，我們看到幾位孩子帶著挑釁與諷刺的話語，不斷的要求部長用二十分鐘寫一篇作文，孩子們說道：**「部長，你怕了嗎？你做不到嗎？……」**孩子們略帶嬉鬧與此起彼落的反諷聲音，讓現場的同仁難過與嘆息。這些孩子是我們教育出來的，但說話的態度、語調，與其說是來自於學校，不如說是源自於民意代表影響的「傑作」。對這些孩子的言行，我們無須太過苛責，也無須失望，畢竟這是孩子學習的過程。孩子有勇氣表達內心的想法，願意主動爭取、參與學生權益相關決定的機會，顯示孩子生命動能的成長，我們應該感到欣慰與高興。這些孩子的表現，象徵著校園民主教育的成果，值得肯定與勉勵。只是，在這件事情背後，我們能否反思，過去，校園中上對下的倫理管教，是否應隨著民主與法治的開展有所調整，以提供孩子更多表達與發聲的機會，即使，有不同或不妥的聲音，也是孩子真

心的流露，如果能給予適時且正面的回饋與分享，不也能協助孩子在理性溝通中培養尊重、包容與感性的涵養嗎？

國外學者弗洛姆（Eric Fromm）於所著《自我的追尋》一書中，特別提到「不同的人在同樣的人生階段，會有不同的人生答案，而同一個人在不同的人生階段，也可能有不同的人生答案，一旦面臨轉型期（transition period），這些答案就可能不只一個，或是找不出正確的答案」。試想，我們的孩子不也如此嗎？在不同的成長歷程，也會有不同的聲音，但我們能虛心的傾聽與感受嗎？而每位孩子面對相同的問題與困難，也可能用不同的方式發聲，我們真能聽出其中的原委而給予適時且正面的回應嗎？在《達摩祖師傳》影片中，達摩祖師告誡其弟子：「要聽那聽不到的聲音，看那看不到的東西，知那不知道的事情，才能找到真相。」身為教育工作者，我們是否真有反躬自省的涵養聆聽那聽不到的聲音？記得，教育部在2003年9月13至14日舉辦全國教育發展會議時，有位青年學生代表勇敢的建言：「**當所有的大人們都希望藉由各種方法來提升孩子的心理健康時，是否想過，許多孩子的不健康是由不健康的教師及家長所導致……**」當這位孩子發言後，剎那間，全場鴉雀無聲，傳遞出一股沉悶、不解或不暢快的氣息，或許部分與會學者專家認為孩子言過其實、不知反省，抑或覺得孩子以偏概全，太過狂妄，但捫心自問，當媒體不斷報導，有近四分之一的國民中小學教師疑有憂鬱傾向時，我們不也應謙卑的感受這位青年朋友的話中之話嗎？對於能在眾目睽睽下大力吶喊的勇氣，不也應給予支持與鼓勵嗎？這位唯一的學生代表，說出多少孩子的心聲，我們願意把他當作暮鼓晨鐘的一擊嗎？

生命之探 2：澄心向愛行

有位媒體讀者范陽寧馨君，在2003年《自由時報》投書寫到，市面上有一本書叫作《總理住在游泳池》，編者在序文中提到：「**太多人寧願坐在家中的沙發上發牢騷，就會對我們的民主政治造成損害。**」在書中，德國的各界菁英熱切的鼓舞青少年關心國家的民主政治，除了勇於「做自己」，也要進一步的「為別人」。此種鼓勵青年學子勇於發聲的作法，有益於學校教育的健全發展，有助於社會的良性互動，亦能培養莘莘學子熱愛國家的情操。因此，當孩子們有勇氣且願意表達內心的想法，個人自身就能藉由發聲與對話過程，進行一連串的省思與澄清，這是自我教育的重要機制；更重要的是，人與人之間，透過言語的對話，轉化為心靈的溝通，建立互信互賴的基礎，於己身、於他人都具有正面的功能與價值。身為教育工作者，更可藉由孩子的話語，了解孩子的人格特質與生活概況。一般而言，積極樂觀的孩子，說話的神情溫和且充滿信心，用的語詞多屬正向且肯定，即使遇到困難，也較能從反省的角度尋求自我超越或他人的協助；但消極悲觀的孩子，則偏向沮喪、抱怨、批評，多用疑惑、無奈、不確定的語詞，常把自己的挫折、不順心，歸責於別人的不配合、不幫忙，或種種外在的因素。因此，孩子的任何發聲，都隱含著其若干的內心世界，重要的是，教育工作者能否及時察覺並給予引導。日前，有位一年多前教過的學生寄來一封電子郵件，他寫道：「**老師，最近有些事，讓我覺得很煩，我想把導師幹掉……**」我大吃一驚，以為看錯了，仔細再細讀一番，頓時覺得滿頭霧水。隨即回信安慰並約他分享心情。在分享過程中，孩子的情緒依舊起起落落，顯示其內心的忿忿與不平。我耐心的聆聽，並不時的點頭，給予正面的肯定。經過一陣的對話，孩子情緒緩和

永恆中的一瞬間——從小看大

些，我也大致了解整個事件的始末。我鼓勵孩子真誠表達意見的勇氣，也對他願意為班上同學爭取權益的無懼精神表示接納與肯定。這位孩子信上提到「想把導師幹掉」，是要逼退導師的意思。他彙集導師對同學諷言諷語的種種資料，勇敢的前去和主任力爭：「**如果導師不走，我就走人。**」聽他義憤填膺的話語、看他堅決不移的眼神，好似要幹一番轟轟烈烈大事般的氣魄。最後，如他所願，學校更換了導師，孩子如釋重負般的像打了場勝仗，但我委婉的提醒他：「**師生之間是一段情緣，只有開始，沒有結束。即使那位導師可能在言語上表達不甚恰當，但他絕非有意如此。任何老師都帶著一顆關懷的心，希望能給同學溫暖與祝福。作為一位學生，在受到委屈與不平之時，可以透過各種管道，理性的表達，這是成長過程中極為重要的學習機會，要好好妥善處理。『有理』固然可以走遍天下，但如果有理卻『無禮』，就容易誤傷對方，不容易讓對方感受所要表達的意涵，更別說要讓對方接受。只有在『有理且有禮』的溝通氣氛中，才能讓對方在善意的訊息中自我反省，並願意心悅誠服的尊重與接納。**」孩子似乎聽到也聽進去了，我再次的建議他：「**寫一封信給那位導師，誠摯的表達同學的歉意與謝意。告訴老師，經由這件事，同學們也試著反省與成長了些許，希望導師也能體諒同學們的心情，繼續給予關懷！**」目送這位勇敢純真的孩子帶著溫和與感激的神情離去，我深深的吸了口氣，滿懷窩心的告訴自己：「**一切還好，真棒，真有意思！**」

∽ 我們能給孩子什麼樣的引導？

我們常說，教育的場所無所不在，室內、室外，甚至大自然中，都有教育存在的空間與價值。只要有人在的地方，都有教育

的素材；只要願意，隨時隨地都是教育的機會。尤其，生活中的點點滴滴，更是重要且活生生的教材。但在成績掛帥、升學導向及趕課進度的教育環境中，又有多少的教育工作者願意融入生活素材？無怪乎孩子們死記些生硬且與生活脫離的知識後，不但沒有感受到學習的快樂，也不易在學習中提升心靈層次。當我們抱怨、批評孩子不懂得珍惜、不懂得感恩時，我們又何曾引導孩子該珍惜什麼，該感恩什麼？就拿常令一般家長困擾的問題：「孩子偏食、吃東西時常抱怨不好吃，甚至吃一點丟一點。」為何孩子缺乏對物珍惜的美德？為何孩子無法感受食物的可貴？究其原因，一方面是富裕的物質生活所導致的迷失，另一方面是我們從未引導孩子吃東西時該感恩什麼。最近，我和許多家長、教師及學生分享這個簡單的問題，幾乎沒有任何一個人可以說出吃東西時感恩的源頭在哪裡。有人說要謝天、謝地、謝父母、謝農夫，也有人表示要謝謝自己能活著吃東西，這些都是很好的想法，可是我們似乎很少思考當我們吃東西時，有多少的生命犧牲了自己，才讓我們有機會嚼一口飯配一口菜。我們不論是吃葷或吃素，這些食物都是無數生命的犧牲者，它們默默的奉獻生命，就是要傳承我們的生命，當我們享受美食時，如果能心存感激，感謝這些無數的生命，就更應好好珍惜自己，並將生命付出給周遭的環境，讓宇宙間的生命能生生不息。當我分享這樣的觀念時，許多的孩子都炯炯有神似有所悟。這是我們忽略的課題，但卻深深的影響著孩子的人格發展，身為教育工作者，我們能不有所醒覺嗎？

　　日前至大學授課，走進校門，通往教室大樓的馬路上，看到一灘夾雜著豬肉與青菜的麵倒在中間偏路邊的地面上，可能是同

永恆中的一瞬間——從小看大

學不小心將塑膠袋弄破因而倒下的。我好奇的站在路邊觀望，是否有同學發現並把它清理乾淨，是時，距離下午第一節上課約有八分鐘，同學們三五成群陸續往教室方向悠閒的前進，約莫五分鐘後，至少也有百來位同學路過，但從同學流露的眼神，似乎僅有極少數同學對那灘麵瞄了一眼，但也都毫無反應的往既定方向走去，其他大部分的同學連望一眼都沒有。我走到那灘麵前，往四周探尋了一回，希望發現掃地工具或掉落地面的落葉，可以將麵抓起來帶走，但沒有任何發現，只好往總務單位請求協助。我向總務長說明來意，總務長微笑提醒：「**上課時間快到了，您快遲到了！**」並說：「**學生應該會處理。**」我回以：「**處理地上的一灘麵，也很要緊。學生會不會處理，您看了就知道。**」總務長隨我探看後露出驚訝的眼神說：「**我們都教錯了，那麼簡單的事，為何沒有學生主動處理。還好，今天沒有貴賓到訪，要不然，可真丟臉……**」在上課時，我把如上的情形和同學分享，並調查同學的意見：「**如果看到那灘麵會作何處理？**」同學冷冷的回應：「**老師，要講真話，還是假話？**」我堅定的回答：「**當然是真話。**」同學們很一致的說：「**繼續往前走，有什麼好處理的！**」天哪！這些未來要為人師表的孩子，竟然一點都不羞愧的如此表達。我再問：「**如果要你設法處理，有哪些方法？**」同學們說：「**找掃帚、畚斗或用衛生紙包起來。**」我又續問：「**如果沒有這些東西呢？**」同學說：「**那就只好離開了。**」聽完同學們的想法，內心有點沉悶，這些靠書本長大的孩子，當面對書本以外的事務時，卻束手無策，一副事不關己的茫然神情，令人不忍也不捨。學子無辜，真要檢討的是身為教育工作者的我們，該如何處理的方法，我們都曾告訴過孩子，但說過之後，我們並未把它當一回

生命之探2：澄心向愛行

事的落實在生活中，所以，孩子無法真切的關懷周遭環境，也無法有效的解決單純的問題。當我把想法及處理情形告訴同學時，同學們若有所悟般的「喔」的一聲，相信，未來再遇到類似的情形，應該會採取較積極的態度與方法處理。這就是教育，也是陶冶孩子生活習慣與人格的重要素材，倘若教師們都能不厭其煩的藉由周遭事件和同學們分享與討論，我們所期望的大道理就有可能逐漸生根與實踐。

　　暑假時，帶著家人到慈濟靜思精舍參訪，為我們解說的師父，親切且慈祥，用了生活中的許多案例，深入淺出的引領我們思索環保的問題。師父特別提到，過去，小孩子上學，老師每天都要檢查手帕、衛生紙，這是幫助個人養成衛生習慣的重要機制，也是珍惜環保資源的具體作法。但現在帶手帕的人愈來愈少，洗手後，往地上甩一甩，或用衛生紙擦乾，甚或在衣服上抹一抹，這些看似簡單的舉動，卻隱含著個人的涵養，更象徵著我們教育的迷失。尤其，在地窄人擠的台灣，森林資源極為有限，如果再不懂得珍惜，過度揮霍，又有多少的樹木可以砍伐？記得，美國1990年波灣戰爭的聯軍統帥諾曼·史瓦茲柯夫將軍（H. Norman Schwarzkopf）曾說：「事情的真相是：你總是知道該做些什麼，困難的是動手去做。」的確，在我們的教育現場及生活周遭，不也面對相同且簡單的困惑嗎？帶手帕，是再簡單也不過的事情，我們都知道它的價值與意義，但我們願意重新檢視自己並確實做到嗎？身處說得多、做得少的文化中，吃虧的還是無知的人們，身為教育工作者，是否願意嚴肅的面對，從己身做起，並適時且持續的引導孩子們分享、反省與實踐，讓一切回歸簡單與自然！

∽ 我們該做什麼樣的選擇？

在日常生活中，舉凡有意識的人，從起床的那一刻起，即須開始做選擇，先選擇整理好床鋪，或是先漱口刷牙……在面對選擇時，是從自己本身的立場考量，或是從對方、團體的角度思考；是從眼前的利益著眼，抑或從長遠的生計發展謀思；是從積極正面的方向思索，還是從消極負面的角度埋怨。凡此不同的思考方向，都會深切的影響我們的選擇與判斷。在孩子成長的過程中，需要經過無數次的選擇，每個選擇都可能關係著個人未來的方向與命運。因此，必須積極協助孩子做好選擇，俾期在利己又利人、兼顧眼前與未來的發展中，找到妥適的平衡點。同樣的，身為教育工作者，面對孩子不同的個性、能力等，又要如何選擇合適的教材與教法，讓每位孩子在學習的過程中盡情參與、樂在其中？當看到媒體報導喧騰已久的一灘血事件，在證嚴上人放棄上訴後畫下了句點。上人不忍太多的人為了這件陳年公案而奔波受累，選擇放棄上訴。上人放下了自己，卻永遠放不下苦難的千萬人民，此種大智慧的選擇與慈悲心的憐憫，足為紛擾與爭奪的社會樹立典範；期望更多的社會大眾能在此事件中，獲得啟發並有所感悟，讓上人不捨的胸襟、不忍的氣度能一傳十、十傳百的行至千里並深植民心，才不至於成空谷足音。

三之三文化出版之《花婆婆》一書，傳遞著一個簡單卻有意義的訊息，花婆婆告訴我們：「做一件讓世界更美麗的事情。」每經咀嚼，內心總燃起一股清新的希望，提醒自己能隨時彎個腰撿起地面的垃圾；道聲好，給彼此一份溫馨與祝福；鼓個掌，讓孩子感受尊重與肯定。這些微不足道的小事，人人可做，隨時

生命之探2：澄心向愛行

可行，但我們果真讓它成為生活的內涵了嗎？日前在一個星期假日，應邀到新竹和家長分享親職教育的理念與心得。急忙趕搭第一班火車，內人貼心的在前一晚睡前幫我準備麵包。其實，為讓內人在假日多補充睡眠，我也事先買好麵包放在書包內，希望能填飽肚子。搭上公車往火車站，約過三個公車站時，看到一位骨瘦如柴的老人肩上扛著一支木棒，木棒後頭掛著一包行囊，搖搖晃晃的上車，司機先生催促著趕快坐好，那長者卻似乎舉步維艱，我急忙上前扶他坐在我位置上。司機先生又催道，先把公車卡拿出來刷。只見長者癡癡的笑，司機先生又不耐的嚷著：「**不要光是笑，趕快刷卡。**」除了莫名的微笑，那位長者依舊是無動於衷。看著老人的行囊及舉止，心想，可能是位離家的流浪老人，幫他投入八塊錢，止住了司機先生的怒氣。問他吃飽了沒，還是那副傻笑，推測，可能是聽不懂國語，改用閩南話、客家話，依舊沒有回應；或許是重聽或聽不到，只好從書包拿出麵包，送到他的手上，他竟然快速的緊緊抓住，撥開外層的塑膠袋，使勁的咬了一口。看他囫圇吞棗的模樣，可能餓了許久。當我要下公車時，回頭望了一眼，老人竟也羞澀的揮揮手並露出感激的眼神。一大早，窘困的老人，茫茫然不知又要落腳何處？內心翻動著幾許的感傷！在進入火車站的門口，看到一位老太太用頭巾裹著只露出瘦弱的臉頰，身體縮著蹲在地上，兩手顫抖的捧著一個鋁製的碗，裡頭有數個十元的硬幣。過往，看到車站乞討的老人，我會到車站超商買個包子或其他食物與他分享，對一位老人，讓他填飽肚子，可能比給他零錢來得實際。因此，我走上前，把書包的另一個麵包拿出，輕輕的放進碗裡，並屈身彎腰貼近老太太的身邊，提醒她天氣冷趕快吃早餐。我用餘光望了一眼，老太太用

那不太靈活且皮包骨的纖細小手撥開裹著的塑膠袋，細細的咬了一口，我深深的吸了一口氣，一絲絲的溫暖湧上心頭，快速的往前趕搭火車。兩個麵包分給兩位老人，而兩個長者啃吃麵包的景象，就成為我最好的早餐。演講後回到台北，和內人及小女分享早上的情景，小女趕緊説：「**我以後也要在您書包放一個麵包，就不會餓肚子了。**」孩子的純真，令我莞爾，也告訴她：「**不光是我的書包，還有更多需要關懷的人……**」心想，富裕的社會，兩個麵包，任何人都有能力，只是我們能否觀察到這些微弱的角落？能否自然的表達一份關懷？而如果要問我為什麼這樣做，或許是幼年物質匱乏的農村生活，家母慣常叮嚀：「能幫助別人，總比乞求別人幫忙來得幸福」，所播下的「助人行善」的心念，因此，我選擇在付出中體會助人的快樂，更重要的是找回人的基本價值與尊嚴！其實，在這簡單的關懷中，不論是心靈或人格的陶冶，自己是最大的受益者，我要深切的感謝這些老人，讓我有機會實踐做人的道理，也藉此不斷的反省自己。

英國宗教家羅威廉（William Law）曾説：「**想要提升心靈，就必須改變生活；我們不能做一套，説的又是另一套。**」（We must alter our lives in order to alter our hearts, for it is impossible to live one way and pray another.）從小到大，我們聽過太多的大道理，也知道無數的哲理，但我們真的在生活中努力展現它的價值了嗎？在順境中，除了享受物質生活，是否選擇豐富深層的心靈？在逆境中，是否選擇勇敢面對，藉由種種的考驗增長智慧？人生的目標除了努力的自我成長，更要成就別人。因此，真誠的關愛別人也感受被愛，是我們重要的功課。尤其，面對多元與紛亂的社會，盤旋於苦悶與不滿的泥淖時，別忘了老天給我們最好的禮物——

選擇的自由，能清楚且勇敢的選擇面對困難，活出自己的生命。在充滿五光十色、光鮮亮麗的塵世，如果僅用看得見、摸得著的事物作為選擇的基準，將會有多少的閃失？又會流失多少的價值？誠然，如果我們選擇用心體會、用心珍惜、用心付出，會有多少的美事相伴而來！智慧的選擇，使人性呈現光明；慈悲的付出，使人性保有尊嚴。網路上流傳一篇2002年中國高考作文滿分的作品，主題就是「選擇」，內容如下：

　　如果我是一片雲，我會放棄高高在上，我選擇化作一滴滴小雨飄落人間。你要問我為什麼，請看看那些鬱鬱蔥蔥的生命，那，就是我的答案。

　　如果我是一支河流，我會放棄奔流到海，我選擇化為甘泉流入麥田。你要問我為什麼，請聽聽農民伯伯喜悅的笑聲，那，就是我的答案。

　　如果我是一株靈芝，我會放棄長命百歲，我選擇化為一滴滴藥湯灌入人口中。你要問我為什麼，請看看那位康復病人的笑臉，那，就是我的答案。

　　如果我是一塊礦石，我會放棄平靜安逸，我選擇熔入爐中化為滾燙的鋼水。你要問我為什麼，請看看那一座座的高樓大廈，那，就是我的答案。

　　如果我是一隻白鴿，我會放棄自由嬉戲，我選擇永不停息地把橄欖枝銜到戰爭的國度。你要問我為什麼，請看看那些飽受戰爭痛苦的兒童正在快樂地玩耍，那，就是我的答案。

人生，是一篇做不完的選擇題，向前？向後？往左？往右？如果你已迷失方向，瞧瞧你心靈中的真、善、美吧，那，就是你的答案。

仔細咀嚼這短短的「詩歌」，一遍又一遍的對著大地、對著自己，一字一句的朗誦，深刻的體會作者毛敏真誠的用理性做選擇的基準，帶動出溫馨、感性的關愛，雖然犧牲了小我，卻成就了生命的無上價值。試想，當有那麼多的孩子在黑暗的角落哭泣，有那麼多的家長在無奈中迷惘，身為教育工作者，是否也願意放棄什麼？是否也願意成就什麼？

（本文原刊載於《師友月刊》，2003年11月，第437期，頁73-76）

6.

用簡單找回生命的喜悅與感動

↔ 我們迷失了什麼？

　　學期末，參加某所國中舉辦的教師進修活動，學校邀請退休的教師返校，與昔日同仁分享過去教學的經驗與退休後的生活心得，其中也有數位關心孩子教育的家長到場聆聽。這位曾是屆齡退休的教師，依舊神采奕奕、信心滿滿的談論著過去教學現場的種種溫馨情節，也述說著退休後當志工的喜悅與自足，在他臉上除了多幾條歲月的皺紋，卻看不出點滴的倦容，也嗅不到絲毫的怨味；聽他滔滔不絕的言詞，配合著不同案例所流露出抑揚頓挫的音韻，可以深刻的體會到，這位退而不休的教育前輩，在持續不斷的付出中，仍保有那份生命的動能——純真與熱情。我用心的感受他所描述的生動故事，並快速的記下關鍵的字句；也偶用餘光掃描周遭教師及家長的動態與神情。看到為數不少教師拚命翻批作業或交頭接耳的情形，與家長們專注且頻頻點頭示意的畫面，形成強烈的對比。在那當下，老師們似乎淪為教育的工匠，把進修的時間與機會，誤用為一本本有形作業的訂正，又如何能適切的表現專業的形象？也顯示出對演講者的漠視與不尊重。或許，其中有老師們不得不如此做的無奈與理由，但既為人師，是否能對各種場合該做何事、能有何為，有基本的認知與堅持。

　　正當精彩的演講畫下句點，有位女性家長突然舉手發言，這在我們傳統文化中，是不易出現的行為，也是一般研習活動中少見的現象，著實令我驚訝。我好奇的注意她想說什麼。這位家長說道：「我很感謝退休的老師，願意回來跟大家分享寶貴的經驗與心得，講得非常生動，我也學到很多。不過，我剛才一邊聽，一邊留意老師的表現。我發現大概一半的老師拚命的埋頭改作業，也有少部

分的老師不斷的竊竊私語。」當我聽到那位家長如是道來時，心中大吃一驚，擔心她會破口批評，但她接著說：「**我能了解老師們平常為了教我們的孩子，沒有太多的時間改作業，不得不利用這短暫的進修時間批閱孩子的作業；也能體會老師忙於教學，沒有額外的時間相互討論孩子的問題，只好利用難得相聚的進修機會，關心孩子的問題。我很感謝老師們的付出。**」話到此處，讓我鬆了口氣，也讓我油然感佩。如此明理的家長，正是過去我們所缺乏，但卻是社會進步的重要關鍵。她又放低音量帶著懇求的語調娓娓說道：「**我也想請老師們多體諒我們的孩子。因為，孩子不是每一門課都那麼有興趣，也不是每一節課都能全神貫注。當孩子不夠專心、眼神閃爍或和同學偷偷說話時，也請老師能給我們孩子多一份的包容與關懷！**」家長語畢，從容坐下，全場鴉雀無聲，老師們流露出不好意思的神情。心想，這位家長給老師們上了精彩的一課，也讓我感受到充滿智慧的語言，不但能化解尷尬與僵局，更能引領省思，建構雙贏的局面。據媒體報導日前台北地區一位十二歲的孩子因為父母常吵架，令他無所適從，在種種壓力與無奈下，從高樓一躍而下，結束寶貴的生命；也看到南台灣地區有位剛從國中畢業的孩子，因父母感情不睦，常彼此冷嘲熱諷或大吵一架，孩子只好把自己關在房間打電動玩具，成績一落千丈，在心理與精神壓迫下，孩子把情緒轉向父母，經常三更半夜喝令父母罰站，要父母反省為何不能和睦相處，如果父母不從，就亂砸東西，對鄰居也造成諸多的干擾。試想，這些不幸事件的緣由，不都是來自於成年人的迷失與錯誤示範嗎？身負教育重責的教師及家長們，能不有所惕勵，持續陶冶情意，涵容感性；充實學識，培養理性，並藉由感性與理性的融合，發揮相輔相成的教育功能嗎？

用簡單找回生命的喜悅與感動

❦ 大自然中體悟生命的動能與質樸

　　在科技創新的研究中，各式各樣不斷改良的農產品，可真讓我們大開眼界，也大飽口福，尤其鮮美的水果更是一年四季布滿市場。這些農產品，經由人類不斷的研究而更為精緻，也更為豐碩，這象徵著科技帶動文明進步的事實，但人們是否經由精緻物質的享受而得以提升生活的品質，卻又是值得深思的問題。日前利用假日返回家鄉的山上，在一陣梅雨過後，步出戶外，眺望層疊山林間冉冉升空的山嵐，好似地熱谷般綿延不絕的蒸氣，蘊含多少的迷濛，也隱含無限澄澈的希望，不由得深深吸了一口氣，整個心頭似那蓮花出淤泥般的清新與寧靜。庭院前用作圍籬景觀的百香果攀藤，不知何時長出一粒粒圓滾滾的果實，翠綠地掛在藤葉間，晶瑩剔透的水珠緩緩滑動其間，顯得生意盎然。過去，市場買回成熟的百香果，外皮皺皺、乾乾，呈深褐色，看起來是多麼的不起眼，更別說想拿來品嘗了。但雙手剝開葉片間若隱若現的果實，呈現在眼前的是栩栩如生的原有風貌，雖未完全成熟，卻是大自然最美的生命景象。有生以來第一次親嘗如此活生生的百香果實，懷著一份驚奇，和小女及內人專注的摸尋較為成熟的果實並小心翼翼的剝開果皮，那黃橙橙的果肉，參雜著一粒粒薄膜包著的褐色種子，讓我們凝神的觀賞，霎時一種生命的感動油然心生，真捨不得入口。美食在前，口水自舌根不斷的湧出、滾動，按捺不住的濕潤了嘴角，小女更不待挖取的湯匙，早已被那清新的芳香緊緊的吸住，把剝開的半個果實，直往小嘴填塞，看她拚命吸取果肉的神情，好像久未進食的嬰兒緊緊的吸吮著母乳般的滿足。

不一會兒，幾隻彩裝的蝴蝶在我們四周翩翩飛舞，小女驚訝的叫道：「**蝴蝶被我們吸引來了！**」內人則說：「**是被百香果的香味吸引來的！**」果真，穿梭間，有些蝴蝶停在地上的果皮，竟也有往小女嘴上不斷靠近者，小女狐疑的問道：「**到底蝴蝶是被我們吸引，還是被香味吸引？**」我也只得笑笑：「**問問牠，不就知道了嗎？**」小女又驚奇的叫道：「**我知道了，因為我們是好人，所以，蝴蝶飛下來和我們分享果實，也想和我們做朋友！**」啊！這個答案，真教我無從回答，它已不是"yes or no"的問題，而可能是宇宙萬物間未被驗證的相互依存的奧祕法則。就整體宇宙而言，人類與其他萬物都在相同的立足點上各自發展，也相互依存，所謂「物以類聚」，其間可能存在著某種相互吸引的磁場罷了。當看到日本江本先生實驗完成的著作《生命的答案，水知道》，不也說明人與水，甚至與其他周遭事物間存在著互動的關係嗎？只是人類常以萬物主宰自居，忽略了大自然環境中可能存在的微妙互動關係，也因而流失了大自然所賜予的真、善、美。仔細端詳掛在藤葉間一粒粒的百香果，又看看立在掌上可口的果實，頓時感受到生命在剎那間的起伏與變化。同樣的果實，在藤葉間與手掌中，卻有著天壤之別的感受，這不正意味著生命主體與客體的差異嗎？不也象徵生命在成長與攀升過程中帶來的喜悅與價值，抑或顯示生命於停滯與凋零時所產生的無奈與悲嘆？而我們與百香果及蝴蝶間，看似獨自不相關的個體，卻也在不經意的動態中，藉由大自然的牽引，讓人、植物、昆蟲三者形成緊密的互動，是多麼的溫馨與動人！試想，多少汲汲於都市叢林生活的人們，在感嘆熙熙攘攘的匆忙與疏離之際，是否願意重返大自然、親近大自然，搜尋老天給我們最佳的禮物——純真、簡單與自然。

用簡單找回生命的喜悅與感動

一陣心靈饗宴中，斷續傳來老鷹的鳴叫，劃破寂靜的天空，那響亮、刺耳的叫聲，在山谷間迴盪不已。小女好奇地迅即抬頭尋望，驚訝的尖叫道：「**是大老鷹耶！**」我道：「**不要大驚小怪！這座山是老鷹的地盤呀！**」小女不服氣的回説：「**爸爸，您看看，老鷹上面有一隻小鳥不斷的追逐並攻擊牠。**」我凝神遙望，那晴朗的高空，真如小女所見，一隻黑色的小鳥持續飛在老鷹的上空，並不時的對老鷹發動快速攻擊，只見老鷹振翅飛逃並發出陣陣的尖銳叫聲。過去生長在農村，早已耳聞大捲鳥（又名烏鶖）在孵育期間，為了保護窩裡的蛋或雛鳥，會對各種可能接近的人物，發動攻擊，這是牠的特質與天性，但此次的景象，還是第一次看到，真令人驚奇！小女在驚嘆中發出一連串的問題：「**那小鳥為什麼不怕老鷹？為什麼要攻擊老鷹？牠叫什麼名字？**」內人也疑惑點頭頗有同感。我體會到孩子在觀察中，對大自然的情景產生無比的好奇與思索，也趁機回應：「**你問的問題都很棒！爸爸也不是很清楚小鳥為什麼這樣做？**」小女略帶失望的眼神再度遠望那逐漸模糊的畫面說：「**那小鳥真勇敢！牠可以趕走大老鷹。**」我問道：「**你想到的這些問題，很有價值，或許其他的人也不知道，也很想知道答案，你可以想看看，哪裡可以找到答案？**」小女眼睛翻兩番，思索了一下説：「**等回台北，要到書局或網路查閱鳥類百科全書，一定可以找到答案！**」內人聽了馬上過去摟著寶貝説：「**媽媽就等你的新發現，可以把答案寫下來，當我的小老師。**」如此簡單的回應，蘊含著為人父母無限的鼓舞與期待，孩子感受到的則是父母的信賴與關懷，相較於習慣性的立即給孩子答案的應對方式，不就更有教育的意義與價值嗎？

從許多的研究與觀察發現，問問題是人類重要的本能之一，

而希臘三哲之一蘇格拉底（Socrates）先生更把「問」的本能發揮得淋漓盡致，他身體力行，用那單純的「產婆法」，在一問一答之間，引導對方進到自己的靈魂深處，幫助許多人釐清觀念。當我們的孩子從好奇、發問，直到慢慢的張不開嘴巴時，其原因是在孩子身上或是我們成人的錯誤期望與偏差對話，不就顯而易見了嗎？事後，小女找到了所有想要的答案，心中的疑惑也一股腦兒轉化為獲取新知的驚喜。但好奇的孩子又疑惑的問道：「**大捲鳥為了照顧窩巢，奮不顧身的趕走可能來襲的老鷹，除此之外，牠會不會主動攻擊其他東西？牠把老鷹趕走後，會不會一直追逐下去？**」真是大哉問，小女的反應不正驗證了我們常說的「學然後知不足」的意涵嗎？知道得愈多，問得愈多；問得愈多，又懂得愈多。這一連串的循環，不也是我們成長的最基本且最簡單的法則嗎？大捲鳥單純的為了安全的棲身窩巢，可以展現無比的勇氣與潛能，擊退凶猛的老鷹，一旦把可能來犯的對象趕走後，牠就滿足的停止攻擊，堅守自己的窩巢，如此簡單的生存哲理，相較於人們無止境的欲望所造成大自然的破壞及人類間的相殘，能不有所省思、愧疚，並積極因應與改變嗎？同樣的，藉由不斷的對話、激勵與引導，讓孩子自我發現、自我成長，不也是我們一直倡導卻未能落實的教育方式嗎？

∽ 回歸自然──一切都好

星期假日用過早餐，不用像平常上班匆忙的趕場，也就悠閒的陪小女坐在客廳的藤椅，聆聽她暑期以來，學習游泳的心得與樂趣，看她邊說邊秀出自由式的泳姿，顯得信心十足。問她學游泳好玩嗎？她帶著高亢的語調毫不猶豫的答道：「**太棒了，真有**

趣！」這是孩子升上三年級後，許久沒有出現的豪氣與信心，能再次感受到孩子的純真，內心盪起陣陣不捨與歉意的漣漪，不禁慨嘆孩子的童年，在多少競爭性的學習中，逐漸的變調。自幼父母從未給我任何課業的要求，關心的是飯前一定先請長輩用餐，筷子不能敲打飯碗，要端正的以碗就口等生活上的基本禮儀，做起來簡單，習慣了更似家常便飯。因此，對小女的功課，我也常提醒她盡力就好，六十分也不錯，可是孩子總不以為然，因為，同學們都希望考高分，無形中，同學的比較，加上老師的期望，在孩子純潔的內心，似已烙下分數的痕跡。台灣有多少無辜孩子的純真童年，就如是般的被競爭、要求消磨殆盡，變得害怕、擔心與迷惘。這些過早的競爭，讓童年失色；過度的期待，讓學習變質，無怪乎為數不少的孩子們，把上學，甚至回家當作是「應酬」，也就是不太想做卻又不得不做的一件事。凡此，在過多人為的操弄下，學習變得不自然、不快樂，當然就不易體會學校之美、家庭的溫馨，此與教育的本質相背，更和學校及家庭存在的價值不合，而身為教育工作者，能否感同身受的為孩子們提供較為「自然」、「簡單」的學習環境，還原孩子童年應有的好奇、純真與自信的風貌？

　　小女得意的分享，我專注的聆聽，更不斷的用眼神、口語及雙手，給予正面的肯定與鼓勵。孩子，真是單純的孩子，她要的不多，僅是如此，已讓她眉飛色舞，不時展露出天真爛漫的氣質，多麼的令人溫馨與感動。現代父母所期望的龍鳳，不也應從這最基本的生命力著眼嗎？小女依偎著和我一起凝望窗外陽台上的花草，那僅約兩坪大的小方塊，是小女練習灑掃的空間。每回我清掃、澆花，小女總好奇的插一手，我試著讓她觀察如何自然

的握掃把、如何掃乾淨、如何用小畚箕等清除掉落地面的枯葉及微細的灰塵，也提醒她如何澆水，才不會流到滿地造成浪費，更要她隨時注意樓下路邊的行人，免得水滴淋到行人身上。她學到了節約用水的環保概念，也知道如何關懷植物、尊重生命，無形中也涵養了深層的人性價值。於此，藉由日常生活經驗的嘗試、累積、重組與改造，協助孩子做好經驗的統合，使得原本只是好玩的心理，經過不斷的引導與練習，而今，小女已成為陽台的主人，自信滿滿的負責照料花草與保持清潔，這不就是美國教育家杜威所強調「教育即生活，生活即教育」的實踐嗎？而為人父母者，也深刻的感受到孩子成長的喜悅與感動，孩子也能領會到父母的用心與關愛。如此，相互體驗、相互欣賞、相互感動、相互成長的良性發展，不也是親子間最基本且最單純的互動模式嗎？試想，當社會的眼光都聚焦於孩子的成績與升學時，又有多少父母願意且勇敢的陪著孩子習得簡單的生活能力？它需要一份澄明的良知，能清楚了解孩子成長所需的養料，也需要有一份堅持，不在意旁人異樣的眼光，更需要有十分的耐心，不斷提供孩子成長的機會，引導孩子用各種方法練習，包容孩子一次又一次的嘗試錯誤。這些觀念與作法，全繫於我們的心念與行動，就是如此的單純，卻常被我們攙入過多的雜質，變得複雜而難以落實。

陽台地面上擺著兩盆攀沿著蛇木的萬年青，是當年搬進來時所擺置的，經過十餘個寒暑的風吹日曬，依舊保持欣欣向榮的翠綠，只是幾許葉片上略帶青黃色的斑點，似乎在訴說著它成長的滄桑與蛻變，也提醒主人要適時給予抗曬、禦熱的水分，我能知曉，小女也在觀察中有所領悟。窗外無風，陽台上一花一草依舊昂然，就在我們穿透玻璃凝視之際，一棵十餘年來幾已不

再長大的馬拉巴栗，竟釋放一片枯葉飄然落地，它沒有任何的翻滾，也沒有一絲絲的傷痛，好似年高德劭的長者壽終正寢般的安詳。小女好奇地問道：「為什麼只有枯葉才會掉下來？其他的綠葉呢？」只見小女好像發現什麼天大祕密般的炯炯眼神，準備掀起一場大自然生死的對話，也讓我心頭翻騰再三，腦海激盪著思索。純真的孩子，細微的觀察與疑惑，不也是我們曾經擁有的本能嗎？但我們有太多太多的理由與藉口，讓它被隱沒了。葉片在樹枝上迎風搖曳，珍惜著大自然賦予的生命，絕不會在那翠綠茂盛的榮景之時自我凋零，即使遭逢狂風暴雨，也會展現無比的韌性，堅持到底，絕不輕易放棄；如有摧折，也是尊嚴的回歸塵土，這是它的生命本能。甚且，根據生態學家的觀察與了解，枯黃的葉片掉落前，會先分泌一種酵素，把養分先送回樹幹，然後再落下，連落葉都知道鞠躬盡瘁，死而後已，何況人呢？當各種現象顯示，人類社會的自殺率已不斷攀升時，不也表明了在庸庸碌碌的追逐生活中，生命的本質早被遺忘，生命的價值也變得模糊，相較於這些枝葉堅強的生存法則，我們能不悵然的仰天嗚嘆嗎？同樣的生命，卻有天地的差別，孰是萬物之靈？孰是生命的主宰？問無垠蒼天，蒼天無語；問孤零小花，小花莫名；問塵封心靈，可能一片茫然；只好問那枯黃的落葉，看它自在知足的化作春泥，訴說著生生不息的智慧——順其自然，一切都好！

∽ 秉持良知——做就是了

近來，因為政治的紛亂、經濟的不景氣，導致失業率頻頻創下空前新高，多少勞工朋友擔憂著薪水變薄，掛慮著明日不知是否有班可上，臉上呈現出無限皺摺，不是年齡的老化，是那正值

壯年的基層勞工過度憂愁所導致心靈創傷的痕跡。心中不捨，但又能如何？他們祈求有工作、有錢領，不論多辛苦都願意，為的只是孩子的教育費以及基本的生存。反觀，為數不少的公教人員，在各種不確定因素的衝擊下，紛紛擇優而退。我曾試著請教那些滿懷退休夢想的前輩，退休後有何打算？多數回答「當志工」，我好奇的調侃：「**公教人員服務民眾，教導學生，不就是最好的志工行為嗎？每天上班有薪水，卻覺得苦悶難當，一旦退休，當志工沒薪水，真能樂在其中嗎？**」這是一個多元的社會，蘊含著許多的矛盾，有些人失業，拚命找工作；有些人占著職位，卻覺得了無生氣。西方哲人紀伯倫（K. Gibran）曾說：「**生命確實黑暗，除非你懷著熱情，而所有熱情都是盲目，除非你有知識，而所有知識都是無用，除非你工作，而所有工作都是空洞的，除非工作中有愛；當你懷著愛心工作時，你把你自己和其他人及神全都連在一起。**」短短數言，蘊含著工作與生活的人生哲理，字字扣入心弦，化作清明悅耳的韻律，引領我們撥開層層迷霧，找回最深層也最簡單的愛，那就是良知。

真正的愛是無私的，凡事先公後私，想的是如何盡己之力成就他人之需；真正的愛是無我的，會放棄自己的欲望，忘掉自己，全心全力的完成大我，終能找回自我。真正的愛必須付諸行動，純粹以愛為出發點而不求回報；如果預期回報，那就不是愛，因為真正的愛是沒有條件和預期的。已故諾貝爾和平獎得主德蕾莎修女曾說：「**我們沒法做什麼偉大的事，只能用愛做一點的小事。**」（We can do no great things, only small things with great love.）她勉勵所帶領之仁愛傳教修女會的修女們，以基督博愛的精神，選擇大多數人無法做到的愛，默默專注的用行動服侍窮人

中最窮的人（the poorest of the poor），更告誡來自各界的義工：「如果我們不受苦，我們所做的只不過是社會工作。」如此情操與用心，使所有被照顧的窮人感受到尊重、關懷和愛，幫助那些病入膏肓的窮人，也能有尊嚴而含笑的離開這個世界。德蕾莎修女沒有用高深的哲理，只用誠懇、服務而有行動的愛，來醫治人類最嚴重的病源：自私、貪欲、享受、冷漠、殘暴、剝削等惡行。在《一條簡單的道路：德蕾莎修女的質樸之道》（*A Simple Path*）一書中有段文字，描寫德蕾莎修女到華盛頓拜訪，一位參議員對她說：「**在印度這樣一個困難重重的地方，您所進行的工作都能成功嗎？抑或是無望的嘗試呢？**」她答道：「**呃，議員先生，我們並非要追求成功，我們求的是忠誠。**」他的回答鏗鏘有力，清楚的傳達她「用愛做一點的小事」的信念與決心，正如印度國父甘地先生所説：「**行動，但不要企求行動的結果。**」這兩位哲人，用簡單的理念、無私的愛與堅決的行動，一再地提醒我們「行動源自於個人自己，那就是成果。不求回報的效勞，不僅造福他人，也造福自己」。因此，在我們能夠做、應該做、可以做的時刻，是否也緊緊的跟著簡單的良知，願意且勇敢的付出，讓一切回歸純真與自然之美！

　　日前，政府推動禁用保麗龍免洗餐具及塑膠袋的政策，凡是購物或買早餐，必須自備購物袋，一時之間，造成許多的不便與不適。尤其，習慣於由早餐店提供塑膠袋的顧客，往往因疏忽忘了帶塑膠袋，又沒有額外的零錢可以買個塑膠袋，常感尷尬得不知所措。在一個星期天的早上，我提著裝豆漿的容器及一個塑膠袋前往買早餐，正當付錢準備離開時，身旁站著一位中年婦人，看起來是要採購全家的早餐，她向老闆要個塑膠袋，老闆説現在

已不能提供了，可以拿一塊錢買一個，這位婦人露出無辜的神情說道：「**我不知道有這樣的規定，我騎腳踏車，如果沒有塑膠袋，根本無法裝這些早餐，而我又沒有多帶零用錢，可以買塑膠袋。**」老闆也愛莫能助的站立著，似乎這個塑膠袋或一塊錢，已讓老闆和這位都市的婦人突然間變得一窮二白。我伸手拿出口袋中預備裝燒餅的塑膠袋送給這位婦人，見她感激的臉龐略帶著不好意思的眼神說：「**那你自己的早餐怎麼裝？**」我道：「**我沒騎車，用手拿著就可以。**」看著她如釋重負般的帶著愛心早餐離去，我也小心翼翼的一手提著裝豆漿的容器，一手抓緊幾個燒餅的小塑膠袋口，準備轉身返家，耳邊依稀傳來那位老闆跟他的同夥小聲的重複說道：「**那個人真好，那個人真好，自己只有一個袋子，竟然送給人！**」聽在耳裡，暖在心裡，真要感謝那位婦人讓我有機會做一點點的小事，也要感謝政府實施這樣的德政，讓我養成自備購物袋的習慣。一個塑膠袋是微不足道的小事，但對需要者卻是那麼的殷切。在我們日常生活中，只要留意，不也充滿著等待我們及時付出的小事嗎？一個彎腰、一句讚美、一次領路、一隻援手……回到家裡，和內人及小女分享先前的事情，小女及內人都說，如果是她在場，也會同我一般的作法，我會心一笑，感受到德不孤必有鄰的溫馨。小女若有所思的提醒：「**以後我們可以多帶一個，送給有需要的人。**」這真是好人所想的好主意，我們都盡量試著多預備一份。

在SARS肆虐台北之際，人人自危並搶購口罩。在街頭、在大眾運輸工具，擠滿的是各式各樣的口罩，這是最豐富、最有創意的一幅SARS風情畫。有次，在捷運站的出口，看到一位警察先生和約莫七十來歲的老太太在比手畫腳，好奇的走過去，原來

這位老太太從鄉下到台北，不知道搭捷運要戴口罩，警察先生好意的告訴她到外面的商店買，但這位老太太一副茫然的搞不清外面商店的方向，只好跟警察先生拜託，可不可以通融放她一馬，讓她進去搭車，就這樣僵持著。我了解後，翻看手提袋中，內人幫我準備的口罩，還好，是新的，順手送給老太太，她似乎在焦急中還沒有搞清楚發生什麼事，說聲謝謝進站了，倒是那位警察先生露出不可思議的眼神說道：「**你真好心，大家都擔心口罩買不到，你還願意送給人。**」又是一次的奇遇，一件微不足道的事，但卻是我最喜悅、也自認是最有意義的小事。我要感謝小女給我的提醒，更要感謝周遭那麼多的人讓我有機會練習做人，感受到個人存在的價值。尼采（F. Nietzche）曾說：「**人的偉大，不在於他是目的，而是橋梁。**」我們每個人都可以成為人與人、人與環境、人與大自然間的橋梁，只要我們有心、願意，一定可以鋪設溫馨良善的道路，為這紛擾的社會注入祥和、美麗的活水源頭。美國作家兼電視節目主持人丹尼斯‧霍利（Dennis Wholey）說道：「**快樂的人採取行動，而非盤算結果。**」（Happy people plan actions, they don't plan results.）而丹麥存在主義大師齊克果（Soren Kierkegaard）也說：「**人們汲汲營營地追尋快樂，卻與快樂擦身而過。**」（Most men pursue pleasure with such breathless haste that they hurry past it.）我也深切的認為，真正的快樂是「做就是了」！在生活現場，太多的人在等待與猶豫中，無法主動表達關懷，也未能積極付出，致使我們潛藏的愛與純真的能量，不斷的流失，因而讓自己的生活陷入單調、乏味與埋怨。面對社會大眾的遲疑，證嚴上人不也勉勵我們：「做就對了！」僅僅如此簡單的一句話，卻是璀璨生命的源頭，更是豐富生活的動力，我們能不有所領會與行動嗎？

（本文原刊載於《師友月刊》，2003年9月，第435期，頁61-65）

生命之探 2：澄心向愛行

7.

做就是了——堅持一條長遠的道路

∾ 壹、緣起——影響我至為深遠的童年生活

　　一個人的聰明多源自於先天的遺傳，但一個人的品格多靠後天環境的影響。教育的價值除要開啟個人的先天潛能，更要藉由環境的薰陶，達到潛移默化、循循善誘的功能，進而培育知書達禮、身心健全的國民。因此，先天遺傳及環境，是影響個人成長的重要因素，但我們似乎常忽略它的重要意義與價值，而只用結果來衡量一件事情或一個人的價值與績效，無怪乎人們常說「菩薩畏因，眾生畏果」，顯然我們常本末倒置，刻意模糊或忽視事情的起因與源頭，當然無法有效掌握真相，也無法找到根源。一個人對事情的看法，對工作抱持的態度及人生的發展，都深受其信念與價值的影響，而個人的價值觀與價值體系，卻又是長時間的內外在因素塑造而成。因此，在分享個人工作心得，探討工作績效時，有必要從個人的成長背景、生活經驗、教育過程、生命體悟加以省思與對話，才能建構清晰的理念與體系，坦然自在的樂在工作。

　　我從小在窮困的農村生活，村子裡家家戶戶的設備都極為簡陋，茅草的屋頂、稻草混合泥土的土磚牆、燒柴的大爐灶、茅廁的糞坑、樹葉或竹片的擦拭、大通鋪的木板床；全家共用一支牙刷，沾點粗鹽，使勁的刷；一條毛巾，破爛到不成形，才能替換當抹布。在那物質寒酸的年代，孩子們吃的、穿的、用的、玩的，相差無幾，生活的條件與背景相類似，自然沒有地位高低的困擾、沒有身分貴賤的迷思、沒有家世大小的鄙視，也沒有「比較」的怨嘆與不平，更不知要計較什麼。大家好像都很認命，完全沒有「貧困」與「寒酸」的卑微，那種甘之如飴的生活，讓心

靈寧靜且自在，感受到真正的「平等」。這是幸，而且是大幸！

　　與現在的生活比起來，過去的農村，除了物質的匱乏外，其他諸如親族的互動、人際間的關懷、心靈的寄託等，似乎都來得單純與真誠。大人們有農事的話題與合作，孩子們也有依時變換的自製玩具與遊戲，使得村落間緊密的連結在一起，那種對生活及對彼此的熟識，孕育出互信互賴的純樸民情，自然能夠適時且親切的伸出援手，以致鄰里間溫馨關懷與仗義支持的感人故事，常是茶餘飯後的最佳話題。孩子們經過長時間的觀察與薰陶，自然深受影響，深刻體會到「關懷」的必要與溫馨，也在心田播下「感恩」的種子。無憂無慮的在大自然的懷抱中嬉戲、奔馳，涵養寬闊的胸襟與視野；享受山林間野生的果實，從果樹的開花、結果與成熟，培養觀察的能力與等待的「耐心」，更提醒自己要好好「珍惜」果樹，才有次一年、甚至更多回合的摘果樂趣；攀爬在樹幹上，謹慎的來回穿梭，在那無知的童年，就已藉此學習「安危」的概念與應有的防備；尤其重要的，只要發現有好東西（小溪裡的魚兒與小蝦，山坡上的季節果實），總是呼朋引伴一起分享，絕不獨吞，甚至把最好的果實帶回家分享親人，在小小的年紀，學到「生命共同體」的概念，也發自內心的「孝親與敬長」。這些與大自然共存共容，與周遭環境相互依賴，與人分享與珍惜的「人文」氣息，不正是當前社會最缺乏也最需要的嗎？仔細思索，自身對「人」充滿興趣，耐心傾聽，樂於助人；對周遭環境充滿好奇，關懷生命，融入大自然的特質，或許就是在那樣的環境中孕育而來的！這是個人的萬幸，也是老天賞賜的佳禮！

做就是了——堅持一條長遠的道路

家父母及親族長輩幾乎都不識字，平日擔心的是如何度三餐，對子女的教育只得託付給學校。在他們的觀念裡，讀書是孩子的事，讀不來，就種田，即使有能力繼續讀，也還得翻箱倒櫃看看是否有額外的「零錢」繳交學費。因此，在那樣的生活背景，孩子上學，沒有太多的課業壓力，也不會有來自父母的嘮叨，真是自由自在，但也因而學到自我負責、自我努力的習慣！父母的勤奮、儉樸、認命、不爭、不怨的生活態度，是最好且活生生的教材，卻無形中深入我的腦海，讓我知道「能做什麼、該做什麼」，學到的是堅忍、吃苦與承受的特質，內化成自己人格的核心。而求學過程中，遇到幾位認真教學、用心關懷並善用鼓勵的老師及教官，使我備受肯定，更深受感動，讓我深刻體會到老師的愛心對學生的重要與影響，也增強我對教育的殷切期待，一份衷心的「敬師與謝師」深藏心底，並提醒自己當亦如是也！

❀貳、緣定——是天意抑是宿命

個人自師專畢業即進入國小從事教職，在與國小學生的互動中，讓我回到過去童年上學的種種樂趣與純真的景象，也試著用以前老師對我鼓勵與關懷的方式引導孩子，讓師生的關係更為親近與友善；也會利用月考結束或期末時，邀請同學到我住的地方一起包水餃，同學分組，有的負責買水餃的餡，有的買水餃皮，有的買做湯的材料，我只需負責出錢，看到同學專注包水餃的神情，彷彿又回到師專時代，老師在課後邀請我們包水餃的溫馨畫面。享受過水餃大餐，同學們會自動分配清潔工作，有的擦地板，有的整理桌面，有的洗碗盤，經過一一檢查，乾淨的餐具與發亮的地板，好像迎接新年般的新氣象，看到同學們心滿意足的

快樂談天，這是做老師的最大喜悅與成就，這樣的情景，一直在腦海裡迴盪與感動，那些孩子畢業後，我依舊主動和他們電話聯絡，每到過年前，常會三五成群的前來一起整潔迎新，聽聽他們學習、交友及生活上的種種點滴，這樣亦師亦友的師生情誼，需要老師平日主動的關懷與付出，而不是光靠要求與期待就可以做到的！

在國小服務期間，對學校行政體系的運作、對學校整體設施的規劃、對同事間的教學與合作，及對孩子的受教權益等，逐漸有自己的想法，也很希望能有表達的管道。那時，常會有督學到校視導，許多行政人員及教師都很怕督學的視導，但我一直很期待能有機會和督學對話與請益，希望能反應第一現場的心聲，但從未有這樣的機會。我發現大部分的督學到校後，只跟行政主管互動並匆匆離開，如何能了解整體學校的教育現況？因此，在心中不斷告訴自己：「一定要參加教育行政考試，讓自己有機會成為督學，聆聽教師的意見，幫助教師解決問題。」就這樣，第一次（1985年）考上普考，拿了張證書，並未接受分發，第二次（1986年）考上桃園縣基層乙等特考（相當於高考），到教育局服務，負責國教課校地徵收等總務行政的業務，記得上班後第三天，前往基層學校參加校地徵收會議結束後，校長盛情，邀請里長及一批我不認識的人一起用餐，看到席間，不是菸就是酒的熱絡畫面，真有點尷尬。還好我的主管課長幫我解危，告訴他們，我不抽菸不喝酒，才免除這樣的窘境，其中一位里長說道：「不會抽菸，也不喝酒，如何把校地徵收的事做好。」我能體會他的心意，的確，在那樣的場合，一杯酒一份情，一根菸一條心，這是過去基層的文化，也是他們「交心」及「稱兄道弟」的應對方

式，偏偏遇到我這窮人家長大的孩子，完全不解風情，我極不習慣，甚至該說厭惡這樣的文化。

從那餐後，我不斷思索當初考教育行政的「初衷」及自己的興趣與特質，終於在報到後的一週內下定決心提出辭呈，離開這樣的工作環境，當時，教育局溫局長待人很好，給我這初出茅廬的後輩許多的鼓勵與慰留，只好趁著局長公出，由主任督學蓋章送到縣長室，那時，徐縣長約談並告訴我：「公務員的資格不容易取得，放棄多可惜！」我心意已定，拿了辭呈又回到可愛的小學服務。在這要特別一提的是，當時，乙等特考分到桃園縣政府教育局，恰巧是寒假期間，所以，我先辦完報到手續，並未辭掉國小的教職，才能在覺得不適合的情況下，離開教育局又順利的回到小學。這段插曲，對我的生涯發展有極為重大的影響。如果，當時，我先辭掉國小的教職，我勢必毫無選擇的留在教育局而有不同的人生發展，也或許就沒有機會繼續參加高考往另一條路邁進。這樣的際遇，我真心接受也珍惜，不管如何，都是值得走的一條路！

一直不能忘情於對基層教育改革的理念與決心，所以第三次（1987年）應考教育行政高考，總算皇天不負苦心人，分發到台北市政府教育局，事前，探聽到我的職缺是負責高國中的總務行政業務，由於成長的背景，我對總務、會計等方面的工作沒有接觸經驗也沒有興趣，所以，只好打電話給我就讀師專時的黃校長，向他請益，我告訴校長，我對人比較有興趣，也比較喜歡跟人接觸，希望能做訓導方面的業務，尤其，我對存在已久的校園不當管教問題充滿著不平，如能藉由行政的規劃與引導，減少體

罰事件的發生，將是我最大的挑戰與成就。黃校長鼓勵我：「愈是怕、愈是不喜歡的工作，更要去面對它，熟練後，就沒有什麼事可以難倒你！」我就用這樣的心情投入教育行政的行列。不過，我真正的興趣還是在「做人」的工作，也就是學生事務（訓導）方面的工作。

從事教育行政工作，十餘年來，幾經輾轉，從基層教育局，到教育部國民教育司，又到行政院第六組，各有不同的屬性與體悟，都是我最好的歷練與成長。直到訓育委員會前常委鄭石岩先生讓我有機會回到教育部，從事我過去一直期待的工作——學生事務工作，竟已邁入第七個年頭。2002年有機會離開教育行政職務，到大學任教，但一份不捨、一份長官的厚愛、一份從事教育行政的初衷及一份對教育的使命與熱情，還是在最後關頭硬著頭皮也厚著臉皮留了下來，這是天意或是宿命，我已不去設想，但我知道學生事務工作需要有更多熱情、能夠堅持且懷抱理想的人投入，才能共襄盛舉，在分享中自我肯定，在勉勵中得到慰藉，在扶持中不斷超越，在工作中自得其樂，進而默默地為青年學子鋪設一條長遠的大道！

ᘒ 參、緣廣——感恩引領我的大家長

近年來，社會環境之急遽變遷，大專校院學校數量較之以往已倍數成長，學生就學機會更達百分之百，但傳統教學導向的校園環境，並未隨之獲得適度的調整。因此，一般人對學生事務工作存有某種程度的偏差認知，認為學生事務工作只是辦理學生社團活動、從事宿舍管理、處理學生心理及衛生保健方面的問題而

已，如此窄化學生事務工作的內涵與性質，致使外界甚且學校教育工作者誤認學生事務工作無需專業能力，也不認為其工作和大學教育的整體發展有直接的關係，甚至部分理念不清的教師和學生家長也會認為，學生參加社團等課外活動，會導致其課業的退步。因此，在校園中，學生事務工作的重視程度，並沒有隨著其功能的調整而有所增加。

教育乃百年大計，今天我們為教育播下什麼種子，將來在社會上就會長出什麼樣的幼苗。尤其，學生事務工作的內涵與措施，對學生的人格發展與身心成長均有深遠的影響，如能妥善規劃，可以彌補傳統偏重知識教學的不足，也可以發揮課外活動與潛在課程的價值。隨著校園生態的多元發展，大專校園學生事務工作之範圍、內容及本質較之過去也有顯著不同。為能發揮學生事務工作的功能，引導大專校院建立學生事務工作制度，並創新學生事務工作特色，過去幾年，在鄭前常委石岩先生的帶領下，我們積極規劃推動學生申訴制度，保障學生受教權益；訂頒校園社團發展方案，鼓勵大專校院學生社團帶動中小學社團；與法務部共同推動學校法治教育計畫，並鼓勵大學法律系所師生從事社區及中小學法治教育宣導與諮詢服務；與民間團體合作，辦理大專學生寒暑假基層服務活動，提供青年學子體驗生命、學習助人的機會；也藉由四區學生事務工作聯絡中心的設置，加強各大專校院間學生事務工作經驗的觀摩與傳承。這些制度的建立與措施的推動，需要透過各種管道，爭取教育部高層主管的認同與支持，也需要會計單位及相關業務司的配合，更需要說服相關立法委員的支持。每當看到鄭前常委在各種場合表達學生事務工作的重要與影響，以尋求認同與支持，我可以深切的感受到鄭前常委

生命之探2：澄心向愛行

的熱忱與投入。此外，幾次大型的學生街頭遊行活動，例如1997年5月間，來自各大學學生社團組成的跨校性團體——「菅芒花學生聯盟」，抗議一連串的社會治安問題如白曉燕撕票案及媒體之若干報導違反新聞倫理等問題，更是全國矚目的焦點。為了確實掌握學生遊行的訴求與維護學生的安全，教育部立即成立危機處理小組，由政務次長擔任召集人，常委擔任執行祕書。透過各種管道了解學生遊行的發展，並不斷與學生對話。記得，遊行隊伍集結到中正紀念堂時，常委和我們同仁分批輪值在辦公室過夜，大家無怨無悔，為的只是希望一切能平安落幕。當然，遊行期間，必須隨時和相關學校學生事務長密切保持聯絡，有時，在緊急情況下，三更半夜也得硬著頭皮打電話騷擾學校相關同仁，內心實為不忍。

鄭前常委有深厚的佛學根基，又有豐富的諮商輔導實務經驗，對於緊急的事情，總能冷靜與沉著的帶領我們共同討論，並謀求有效的解決方法，尤其許多偶發危機事件或高層交辦之臨時重大活動，例如當年大學生串連之貴賓卡風波、新春教授聯誼活動及吳前部長首創之五二〇全國大專學生社團同時開鑼活動，都在倉促間承命並順利完成，讓我們在緊繃之餘，享受那如釋重負的開懷，也學到許多危機處理的方法與知能；鄭前常委亦常閱讀相關書籍與雜誌，具有宏觀的視野，能針對青少年的身心發展與社會脈動深入的了解與分析，進而規劃創新學生事務工作。尤其1994年《大學法》修正公布後，大學訓導處改為學生事務處，我國學生事務工作自此由過去強調保護、規範與防弊之管理型態，轉型為參與、服務與自主的發展型態。因此，有關社團發展、學生自治、學生安全、學生受教權益等措施，成為學生事務工作的

做就是了——堅持一條長遠的道路

重要內涵。此外，鄭前常委的寬大與包容，常使得尷尬與對立的氣氛很快得到化解，讓我印象最深刻的是，當同仁理直氣壯，甚至略帶激動的語氣和他有所爭議時，他總適時的提醒：「**您現在講話有氣，休息一下，我們再討論。**」他沒有因為同仁的情緒，而有所責備，這樣的氣度，讓人感佩；而當外界對訓委會的工作有不同的聲音時，他也會安撫同仁虛心檢討，鼓勵大家盡力就好；當有人對他有不同的評論時，他總笑笑的說：「**沒有親耳聽到的，就別把它當一回事。**」這是他的胸襟，難怪能在忙碌中依舊保持那份自在的神情。跟隨鄭前常委，讓我更加提醒自己應努力學習的方向，也告訴自己學生事務工作是不斷付出、不斷溝通、不斷創新、永不放棄，也是結合大家力量才能做好的工作。

鄭前常委在吳前部長確定離職時，再三徵得部長同意，辦理退休，開啟另一條寫作與弘法的道路，所有訓委會同仁雖有不捨，但也都以感恩的心，感謝他奠下的根基，讓我們得以繼續遵循；也以誠摯的心，默默祝福他繼續在人生的大道服務人群；更以謙卑的心，希望能時時刻刻將他寬大與慈悲的風範融入個人的工作與生活。人生就像一趟單程的旅程，在不斷往前邁進的同時，我們可能偶爾回頭凝望起始，但卻無法倒車而行，也可能在不同的時空換上不同的列車，即使迂迴也得努力駛向人生的方向。這是一份因緣，要好好惜緣，也要能順緣，才能廣結善緣。

配合時代脈動及社會潮流，學生事務工作一方面要能穩健發展，成為教育安定的基石；一方面也要求新求變，為開創教育的願景，提供新的思維與方向。近幾年來，在本會何常委的帶領中，我們積極規劃人權教育、生命教育、性別平等教育等新的

措施，藉以導正過去教育的偏頗，也提供更多元與寬廣的學習空間。尤其，為了協助私立大專校院健全學生事務工作，提升教育品質，何常委更積極協調相關業務單位並爭取部次長的支持，除繼續補助私校學輔經費，更鼓勵各校申請學輔獎助經費，讓學校得以規劃學生事務中長程計畫，以發展學校特色。同時，為了協助各校確實有效運用學輔經費，我們也邀請學者專家規劃系列的學輔工作訪視活動，提供各校積極的協助與多元的輔導措施。這期間，可能增添受訪學校的工作負擔，但為了提升學輔經費的效益，學校同仁多能共體時艱，努力配合；也可能因為部分認知的不同，須一再溝通與協調，但總能在折衝中提供學校明確的參考作法與方向。

　　學生事務工作的績效不易彰顯，也不易受到重視，因此，為了激勵學生事務工作同仁能久任其職並樂在工作，何常委一再地提醒大家：「**學生事務工作是做功德的事。**」社會上許多善心人士，經常要尋找服務的地方與對象，才能有機會表達善念，而我們每天不用外求，就有機會服務孩子，這是何等的福氣，能不珍惜乎？從學生事務工作的內涵與性質而言，它有其特性與專業的層面，但過去，學生事務工作同仁更替頻繁，各項工作與措施常有傳承與銜接的困擾，造成工作推動與延續上的瓶頸，也使得學生事務工作的專業性受到忽略。因此，為能建立學生事務工作的專業屬性，何常委積極協調台灣師範大學成立相關研究所，開設在職專班，提供大專校院學生事務工作人員進修管道，協助學生事務專業的建立與提升。

　　何常委成長在務農的純樸家庭，常以「身在公門好修行」期

做就是了──堅持一條長遠的道路

許大家要珍惜這份難得的機緣；也常以「做官如不為民做主，不如回家種番薯」的情操，勉勵學務同仁堅守崗位並善盡職責。面對學生事務工作的日益繁瑣且複雜，同仁們都感壓力與吃不消，但何常委卻能展現其農夫種田的精神，如那任憑農夫驅趕、鞭策也默默向前的水牛般忍受烈日、寒風，總能在辛勞中不負使命。當有一批批的同仁趕著五五專案申請退休時，何常委不但未受影響，反而引用曾國藩先生的名言「局外吶喊總是無益，躬身入局才有希望」自我勉勵，並以做「志工」的心情，承擔一切的挑戰與考驗。這是現代年輕人所缺乏的堅持與使命，在何常委身上卻能自然流露，讓我們深為感佩。而當有部內其他單位同仁調侃何常委不會推辭，攬了一些額外的工作時，他總以「做別人的事，學自己的功夫」勉勵同仁藉此自我成長。如有來自其他不同的評論時，也淡淡的以曾國藩與友人書信提到的對話：「凡是幹事的人，絕不可能只有讚揚而沒有誹謗，只有恩寵而沒有怨恨」，泰然化解。這位歷經多位部長的資深元老，依舊保持騎腳踏車的純樸與自在，展現對工作珍惜與投入的熱情；也以過來人的體悟，不斷給我們最好的忠告與勉勵，這種有長官之名、卻無長官架式的長者，讓我們學到的不只是工作上的成長，更多的是做人處事的人生哲理。

∽ 肆、緣深──學生事務工作的價值與信念

　　隨著時代的變遷，大學已不像往日只謹守著學術的象牙塔，在世界各國都強調追求高等教育品質與卓越的發展趨勢中，大學必須積極接受大環境改變的事實，並能適時調整，承擔創造知識、培育人才、提升文化、促進國家發展的使命，才能在多元、

開放及講求績效與競爭的大環境中，掌握時代的脈動，保持其傳統的優良特色，進而開創新的校園文化，始得以繼續其教學、研究、推廣與服務的基本任務。學生事務工作乃大學教育環境中極為重要的一環，其對協助學生課業學習、促進學生全人發展、創造多元文化環境、培養學生多方面的能力、促進學生自治自律、保障學生權益、提供和諧舒適學習環境及培養學生成為有用且幸福的好公民等方面，具有實質效益。因此，在快速變遷的社會大環境中，不論是主管教育行政機關或大專校院均應積極規劃、推展學生事務工作，以發揮其應有功能。學生事務工作已成為大學能否有效培育學生健全人格的重要關鍵所在，也是大學能否順利發展基本任務的重要潤滑樞紐。

在教育體系中，學生事務工作是教室以外的教育工作，也是整體教育中不可或缺的一環。就課程而言，它是重要的潛在課程，是一種制教，也是境教的領域。藉由制度的建立，提供完整的教育環境；並以活動的引導，增進學生的人際互動，培養團隊與群體的概念；也透過實際參與，涵養自治自律的能力；更期望在系統歷程與多元方法中，經由學生事務工作人員的信念與服務，協助學生自我了解與充分發展。因此，學生事務工作是一種專業，是一種助人的情操，一種服務的行動，更是科學與藝術的結合。學生事務工作者如要能樂在工作，並提升服務的品質，必須建立基本且正確的信念，才能勇於擔苦，樂於吃苦，自在了苦。於此，綜合實務工作經驗及閱讀書籍心得，我認為學生事務工作者應有下列八項基本信念：

1. 輔助而非取代：學生事務工作是整體教育的一環，主要在協助

教學的不足，並提升教育的品質，而非取代教學的地位與功能。

2. 主客體的澄清：學生事務工作的主體是學生，各項措施與制度，必須以學生的需求與發展為核心，才能發展民主與法治、包容與尊重的人性關懷機制。

3. 參與代替專斷：提供學生表達意見，甚至參與決定的機會，培養學生負責的能力與態度。

4. 尊重代替服從：學校、教師與學生對於學生事務工作的議題可能有不同的看法，必須予以尊重，才能激發學生表達的信心與勇氣，並學得尊重與包容的態度。「服從」適用於軍隊的訓練，在教育的園地裡，如果使用「服從」的概念帶領學生，會造成學生心靈的恐懼與封閉，喪失學生的純真與好奇。

5. 引導代替強制：學生是未成熟的個體，教育工作者必須耐心的引導，千萬不可為了方便管理而強制約束學生。

6. 關懷代替質問：每個人都可能犯錯，也可能有情緒低落的時候，面對學生的過失或心情的起伏，應用關懷的語氣與態度，給予支持並傾聽，避免直言質問，才能安撫學生，進行有效的互動與溝通。

7. 接納代替批評：每個學生都有不同的天分與特質，必須給予尊重與接納，才能建立信心，培養他成為獨立自主的個體。

8. 自律代替他律：學生事務工作的終極目的就是要培養自治自律的學生，因此，要提供學生練習自我管理的機會，並多用鼓

生命之探 2：澄心向愛行

勵、讚美的方式引導學生自我發現與自我成長。任何外在的約束、管理或懲罰，或能達到壓抑行為的短暫效果，卻無法幫助學生養成好的習慣。因此，在輔導過程中，要盡量用自律的理念代替他律的規範。

❀ 伍、緣圓——
從事學生事務工作者應有之認知與承擔

學生事務工作是搭舞台的工作，它為提升教學品質搭舞台，也為培養學生參與學習搭舞台。所有參與其事者，都是默默付出的舞台工人，但所流的每一滴汗都可能浸潤孩子的心靈，改變孩子的一生，這是它獨特的價值，在沉悶與無奈之餘，試著咀嚼，不也別有一番風味。法國作家卡繆（Albert Camus）在其諾貝爾文學獎得獎作品《瘟疫》這本小說中寫道：「再也沒有什麼個人命運，只有由瘟疫和各種共同享有的情感所構成的集體命運」，卡繆小說中主角李爾醫生繼續對抗瘟疫的力量是：「我永遠沒法做到安心的看著別人死」，「不忍見別人死」就是悲憫，就是愛。身為學生事務工作者又何嘗不是如此？只有結合大家的力量，才能發揮關懷與支持的功能；在每件學生意外事故中，我們那種糾結與不安的心，不也是一種不忍、不捨的慈悲與大愛嗎？這樣的心情與體會，是學生事務工作者的專利，也是支持我們投入工作的最大動力，只有自我珍惜，才能品味其中的甘與苦。

德國大文豪赫塞（Hermann Hesse）的詩有一段值得玩味的是：「**人生有光明之日，亦有黑暗之谷，但我卻無法咒罵人生。燦爛的太陽與暴風雨，不過是同樣的天空中兩種不同的表情罷了。命**

運，不管是甘是苦，都把它當作可口的食糧，享受它吧！」當有些同仁抱怨學生事務工作不好做、不受重視時，是否仔細品味這短短的數語，讓一切回歸平常、回歸自然。諾貝爾和平獎得主德蕾莎修女在收容所牆壁上不也這樣寫道：「**你今天所行的善事，明天就會被遺忘；但不管怎樣，還是要行善。誠實與坦率待人常使你受到傷害；但不管怎樣，還是要誠實坦率。眼光遠大的人，會被心胸狹隘的小人攻擊；但不管怎樣，還是要眼光遠大。人們確實需要幫忙，但幫忙後卻遭受攻擊；不管怎樣，還是要幫忙。把你最好的東西奉獻給世界，如果這樣，你的牙齒因而被踢斷了；不管怎樣，還是要把你最好的東西奉獻給世界。**」看到以上的字句，就可以深刻體會到德蕾莎的慈悲與大愛的情操，而我們呢？是否也可以在工作上試著努力做到一點點。

常言道，我們能數出一顆蘋果有多少顆種子，但卻無法算出一顆種子能結多少顆蘋果。一顆種子的宇宙有多大？一個希望的世界有多美？一個孩子未來對社會的貢獻有多少？這些耐人尋味的答案，必須靠我們用心靈和想像予以留存，用行動與堅持予以灌溉。這希望的種子，值得我們耐心的等待，只要我們不放棄。讓我們做一個播種的人，這不是許多人祈求的福報嗎？《牧羊少年奇幻之旅》中，老人對牧羊少年說：「**當你真心渴望某樣東西時，整個宇宙都會聯合起來幫你完成。**」當我們決心為學生事務工作播種、為孩子耕耘時，那股來自內在的振奮與期許，將會感動多少身邊的人和我們一起共襄盛舉？美國宣教士孫理蓮（Lillian R. Dickson）說：「**人生只有一次，找到一條值得一輩子投入的事，就不虛此生。**」我們不也常說：「**人生重要的不是走哪一條路，而是明白自己為什麼要走那一條路。**」我深信，工作的樂趣是自己

努力得來，人生的意義與價值也是在付出中展現。身為學生事務工作者若有如此的體認，當能以堅定的「心」，營造溫馨的師生「情」，重新建構學生事務工作的價值與理想。

學生事務工作不是萬能，但一定是可能；也不是一蹴可幾，但只要有耐心，就能逐夢踏實。作為學生事務工作者如要能有效推動各項工作與措施，我認為必須有以下八點認知：(1) 學生事務工作是全人教育的一環，必須予以重視與肯定；(2) 學生事務工作是所有教育工作者共同的責任，必須分工、協調與合作，才能發揮整體力量；(3) 學生事務工作服務的對象是全校學生，必須深入了解學生的基本資料與特質，才能有效輔導學生；(4) 每位學生，都有獨特的天性、本質與潛能，必須透過各種不同的方法與活動循循善誘；應激發學生不同的發展與特色，並尊重、包容、引導孩子發現自己、肯定自己；(5) 良好的學生事務工作績效，有益學生整體學習，提升教育品質；(6) 學生事務工作是持續性、動態性、活潑性、前瞻性、教育性的發展過程，必須不斷充實專業素養；(7) 學生事務工作必須配合學校整體發展與學生需求，建立短、中、長程發展目標；(8) 學生事務工作是學校與社區的橋梁，應加強落實社區服務與校際交流。

學生事務工作的內涵極為廣泛，不易立竿見影，因而常被忽略。但它對學生生活與身心發展確有重要的影響與價值。因此，所有從事學生事務工作之教育工作者在忙碌之餘，更應有一份承擔，在工作上不斷自我充實；在幫助學生過程中，不斷自我反思；在分享過程中，開拓胸襟，增廣視野；在無奈與慨嘆之際，更要自我肯定，創造生命的價值。已故諾貝爾和平獎得主天主教

做就是了——堅持一條長遠的道路

修女德蕾莎在為英國電視台錄製《為了神做件美事》（*Something Beautiful for God*）節目時，告訴英國記者說：「感覺自己沒有人要，是人類所經驗到最糟糕的一種疾病。因為別的病有藥可醫，唯獨『不被需要』，除了一雙願意服務的手與一副充滿愛的心腸外，再也沒有一帖藥可醫治。」在教育過程中，每天都有許多的孩子需要老師，也有無數的社會大眾對老師抱以極高的期望，這是教育工作者的價值，也是快樂的源頭。作為學生事務工作者如能秉持這樣的心境，不也能在付出中保持喜悅與寧靜的心靈嗎？發明沙克疫苗的沙克（Jonas Salk）先生曾說：「我覺得做事的最大報酬，乃是可做更多事的機會。」（I feel that the greatest reward for doing is the opportunity to do more.）（引自張子樟，1999：136）綜觀社會各行各業，尤其是企業界與服務業都期望業務能不斷蒸蒸日上，反觀公務員及教師卻常抱持朝九晚五、多一事不如少一事的心態，把工作當作是謀生的手段，當然無法在工作中找到價值與快樂。圓山大飯店前任總裁嚴長壽先生只有高中的學歷，但他抱持「垃圾桶理論」的精神，做別人不想做、不要做的事，終能成長自己、超越自己。我深信，只要能建立這樣的信念，就能勇敢面對問題，解決問題。菲力‧布魯克斯（Phillips Brooks）亦曾說過：「**不要祈求安逸的生活，祈求成為更健壯的男兒！不要祈求與你能力相等的工作，而要祈求你的能力符合工作的需求。**」（Do not pray for easy lives. Pray to be stronger men! Do not pray for tasks equal to your powers. Pray for powers equal to your tasks.）（引自張子樟，1999：150）學生事務工作是千頭萬緒的教育事務，難免會遇到不順遂的時候，我們無法要求每個學生都那麼優秀，也無法指望每位教師都那麼敬業與投入，更不用等待

學校主事者的全力支持與重視，我們所能做、也應做的就是增強本身的專業能力並廣結善緣，在工作中自我肯定、自我成長、自我實現，才能引起共鳴與感動。

（本文原刊載於《學務傳薪》，教育部編印，2003年9月，頁100-111）

⚘參考書目

張子樟（編著）（1999）。**英文名句欣賞**。台北：小魯文化。

做就是了——堅持一條長遠的道路

生命之探 2：澄心向愛行

8.

真愛就在多一點的創新與關懷

∽ 教育貴在教人

孩子像一張白紙，如何讓這張白紙能花彩繽紛、光鮮亮麗，全賴我們為孩子營造什麼樣的成長環境。檢視目前教育現況，當老師偏重孩子的成績與升學，就容易忽略孩子的多元智能發展，那孩子又如何能培養關懷情操、閱讀興趣、生活禮節與自治能力？當教育窄化為只重課本、只教知識，就會漠視孩子的個別差異，無法落實教「人」，孩子又怎能培養合作的觀念、肯定自我的價值、提升自我的意識、涵養人生的智慧？當我們擔心孩子輸在起跑點，拚命的幫助孩子提早且額外學習時，又有多少孩子能因而獲益，堅持到終點？當整個社會籠罩在望子成龍、成鳳的迷思中，又有多少孩子淪為惡性競爭的工具？我們常說：關心課本教學、孩子升學及整潔秩序比賽的老師，在意的只是教學進度、孩子的成績、下一次的考試及僵化的行為規範，孩子的成績淪為教師績效的重要指標；但關心孩子身心發展的老師，著重的是孩子上課的動機、反應、人際互動及課後的生活學習，盡心盡力地協助孩子全人發展與自我成長。

教育的本質在促進孩子身心健全發展，習得生活應有知能並勇敢面對自己、接納自己，但當有為數不少的孩子對學習感到恐懼、對上學覺得無奈、對生活感受壓力時，這是對現代教育最大的諷刺，也是親師最應反思的課題。親師是孩子學習的燈塔，也是孩子生命中的貴人，孩子更是我們的一面鏡子。當我們覺得鏡子不乾淨、不夠亮麗、光線曲折時，我們能否先反躬自省——我們真的了解孩子的內心世界？真的清楚教育孩子的目的？真的提供孩子成長的素材了嗎？當老師的自主意識高漲，拚命的為自身

權益吶喊之際，能否捫心自問，教育的專業素養與敬業精神是否也同受重視與提升？教育是教人的工作，更是影響個人發展與國家進步的神聖責任，但我們真的秉持專業，善用人文，讓孩子活出個人應有的信心、尊嚴與價值？抑或只是無奈的把教材囫圇吞棗的教完，漠視孩子的興趣與人生方向？

　　教育是價值傳承、價值創造，更是一種感動的過程。每個孩子都是這世界上獨一無二的存在，沒有誰比誰更有價值，也沒有誰比誰更尊貴。只要親師能用寬廣的胸襟尊重孩子為學習的主體，從不同的角度欣賞孩子的純真與特性，並落實孩子的全人培養，自然能啟迪孩子、鼓勵孩子勇敢的面對自己，成為生命中的主人。孩子的學習是一個階段又一個階段的不斷成長與發展，每個階段都會遇到不同的老師，這是師生之間的情緣，只有開始，沒有結束。只要老師能真誠教導、真心關懷、真情對話，一定可以在這生命交集的重要時刻，譜出溫馨感人的教育事蹟。

∾ 一點創意溫暖無限

　　阿強，一位皮膚黝黑的孩子，從小失去母愛，靠父親幫人打零工維生。從國小四年級起，即跟隨父親四處漂泊。六年級畢業前的兩個月，某個星空照耀的夜晚，父親又如常的告訴阿強：「要到別的地方找工作，明天準備辦轉學手續。」不知轉學了多少次的阿強，好不容易融入班上同學的圈子，老師也給他熱切的關懷，讓他第一次有歸屬的感覺，心想，應該可以順利在這班級畢業，父親突來的囑咐，猶如青天霹靂！在窮困環境中長大的阿強，深知父親又將失業，即使再多的不願，也不敢說不。望著天空閃爍的星光，阿強訴不盡的無奈，在心頭起落。辦好轉學手

續，阿強忍著心中的孤獨與惶恐，堅持上到最後一節課。就在放學前，老師走到講台上，對著全班同學說：「**阿強即將轉學到其他學校，老師相信阿強絕對不是故意離開我們，他一定有不得已的苦衷。這段日子來，老師發現阿強是那麼的懂事，認真負責，同學們也都很喜歡他。面對新的學校，阿強難免有所擔心，希望每位同學在卡片上，寫下一句給阿強的話，一起為阿強加油、打氣，老師也會默默的為阿強祝福。**」同學們絞盡腦汁，專注的刻畫祝福的話語，阿強的淚珠也嘩啦啦的爬滿溫熱的臉龐，老師和幾位熱情的同學蜂擁而上緊緊抱著阿強，這一幕，刻印在阿強的心頭，永遠不會遺忘，這張無價的卡片也緊放在阿強的書包，永不流失。

升上了國中，多數的孩子參加暑期輔導，阿強則隨著父親到工地搬磚頭，在烈日下，看著一堆堆小山丘般的磚頭，阿強咬緊牙根，汗水、淚水混雜著莫名的苦澀，感嘆著自己的苦命。國中的英文課，對阿強是全新的風貌，翻開課本，豆芽菜般的字母，令阿強眼花撩亂，第一節隨堂考繳了白卷，更是心慌。那晚，阿強不死心的捧著英文課本，瞪大雙眼，但依舊茫然。第二天醒來，發現課本已被口水弄皺了。一次又一次的挫折，讓阿強開始懷疑自己是不是英文笨蛋，自卑、沮喪不斷的侵蝕他脆弱無助的心靈。阿強想起老師及同學們給他的卡片，小心翼翼的從書包拿出來，一字一句的仔細品味：「**孩子，不管你在哪裡，老師永遠想念你；不論遇到什麼困難，一定要勇敢的面對，老師會默默為你禱告。**」「**阿強，我能了解你轉學的無奈，以後不管發生什麼事情，請告訴我，我願意幫助你。**」在溫馨的字裡行間，阿強不斷的吶喊：「我一定要加油！」

生命之探2：澄心向愛行

ᘍ 給孩子一次機會也給自己一個挑戰

　　趕不上課業的進度，得不到老師的肯定，沒有知心的朋友，牙根咬了又咬，心頭捶了又捶，阿強終如洩氣的皮球癱在漫漫的長夜。逃學、蹺課成為他自我逃避的選擇，與幾位同道廝混，盡做些不被認同的勾當。起初，阿強仍覺羞愧與不安，但在做了壞事後沒有被發現，也沒有得到想像的懲罰，反而一次又一次的滿足了無知的欲望，阿強似乎為自己編織了許多自我安慰的夢幻。學校公布阿強為中輟生，阿強的父親忙於生計，也沒有太多的餘力關心，更不懂得阿強內心世界的苦楚。經過社會大染缸滾動的阿強，純真的臉龐逐漸轉化為黯淡與鬱結，內心有著太多的不知與茫然，一步一步的漫向渾沌與迷惘的世界。

　　「阿強被警察找回來了！」同學們好奇的轉述著阿強的種種。校長無奈的對警察先生說：「你們幹嘛那麼認真，把這個燙手的山芋找回來。你知不知道，他已中輟三次，每次回來，就帶壞一批孩子，家長們有太多的怨言，全校老師也開過會議，決定不再讓他回來……」警察先生回以：「根據我們的經驗，一些迷失的孩子，本質都不壞，只是交友不當而誤入歧途，我們很願意協助找回中輟生，但好好的輔導阿強，是教育專業的價值，也是學校的基本責任，更是阿強應有的受教權益。就拜託校長了！」校長皺起眉頭思索著如何處理這棘手的問題：「阿美這位年輕的老師，應該可以暫時應急一下！」阿美聽校長說要把阿強送到她的班上，驚叫道：「校長，請您別害我，如果我收留他，我就會成為全校老師的公敵，家長也會對我抗議，學生更會抱怨。」「阿美老師，我能了解您的想法，也可以體會您可能面對的壓力。但如果您能藉此機會給阿強關懷，讓他找

真愛就在多一點的創新與關懷

回信心，成為他生命中的貴人，您是否願意試看看，給他一個機會，也給自己一個挑戰？」「身為教育工作者，如果我們放棄了學生，等於放棄了自己。沒有一個人是完美的，也沒有一個人是故意不完美的。孩子需要我們真誠的接納，真心的關懷，給他一次機會，好嗎？我相信您一定做得到！」

∽ 視如己出一切都有希望

阿美老師回到家後，和也是同校任教的先生討論阿強的事情。先生反覆的提到：「如果你收容阿強，你能承受來自同仁、同學及家長的壓力嗎？如果阿強又把同學帶壞、又再度逃學，你的名聲將會掃地，你願意冒這樣的風險嗎？」一連串的問號與質疑，讓阿美老師喘不過氣，也來不及思索，狐疑的答以：「那你是贊成我回絕校長的要求嘍？」先生若有所思「嗯」的一聲並回以：「如果他是我們的孩子，你會怎麼決定？怎麼做？」這突如其來的反問，讓阿美老師愣了一下用堅定的口吻說道：「如果他是我們的孩子，我一定會拚死拚活的把他教好，把他帶起來！」「那就這樣決定吧！」阿美的先生給她十足的信心與力量！第二天一大早，阿美老師帶著炯炯的眼神自信的衝到校長室：「校長，請把阿強交給我吧！」校長驚訝的站了起來：「真的嗎？怎麼可能？您是如何想通的？為何有那麼大的勇氣？」阿美老師把昨晚和先生討論的過程細說了一遍，校長點頭答道：「我昨晚也和我內人商議了整晚：假如您拒絕接收阿強，我要如何鼓勵您……等問題。我一直擔心得不得了，幾乎徹夜難眠，沒想到，您竟然『自投羅網』，真讓我太感動了，謝謝您，也要代替阿強向您致上十二萬分的謝意！」

阿美老師又說道：「校長，我想跟您說，我們以前對阿強之類的中輟生都用錯了方法。」「哦！我們錯在哪裡？」過去，阿強被找回來，只有導師及輔導主任給他關心，其他科任老師上課時，常用異樣眼光不屑的瞪他一眼，甚至用負面諷刺的語言：「又回來啦！外面不是很自由、很好玩嗎？」加諸阿強身上；同學們也常竊竊私語，指責阿強是全班的啦啦隊隊長（把成績拖垮），批評阿強是沒有教養的壞孩子；家長則用電話或到學校抱怨阿強的種種不是。阿強在四面楚歌中只好選擇繼續逃避。阿美老師繼續說道：「當代教育家劉真曾說：『要教育別人，先教育自己。』如果老師沒有辦法懷著教育的熱忱與愛心，包容、引導這些無辜的中輟生，又怎能培養出有愛心的孩子呢？」校長若有所悟的頷首：「我很認同您的見解。您有想到其他更好的方法嗎？」「我想和班上同學、科任老師及家長分別對話，聽聽他們對中輟生的看法，也試著讓他們了解中輟生的問題、困境與無奈，更希望藉此引導他們包容、接納、鼓勵中輟生。」阿美老師懇切的說著。

∽ 深層對話感動無限

　　第二天上課時，阿美老師請輔導主任把阿強帶到輔導室實施個別輔導，自己則和同學們進行一場史無前例的生命對話：「同學們，你們覺得有沒有人天生就是逃學、做壞事的？」同學們一致搖了搖頭：「應該沒有。」「當有同學逃學、做了壞事，想看看是什麼原因？」同學們七嘴八舌的答道：「可能是缺乏父母的愛，也可能是交到壞朋友、功課不好……等。」同學們把所有能想到的原因都一一列出來，阿美老師讚嘆：「你們真不簡單，把問題的根本都找到了。」「同學們，你們都很幸福，有愛你的爸爸、媽媽，有

真愛就在多一點的創新與關懷

關心你的親戚、朋友。每位同學看起來也都很有愛心。有位中輟生阿強要加入我們班上的行列，我們可不可能一起來關心他、幫助他，讓他勇敢的面對自己？」經過一番的對話與引導，同學們純真的答以：「當然可以囉！」「想看看，同學們可以用什麼方法來幫助阿強？」（阿美老師讓同學們一起思考並找到可行的方法。）很快地有同學說道：「我們可以製作一張海報，歡迎他，也可以每個人寫一張卡片送給他……」阿美老師微笑著說：「同學們真聰明，真有愛心。相信，阿強看到歡迎海報及溫馨的卡片，一定會很感動的！但老師要同學們再想看看：如果你就是阿強，你覺得海報及卡片就足夠讓阿強有勇氣和我們一起快樂的學習與成長嗎？」阿美老師突如其來的回問，讓同學們頓時沉靜，稍候片刻，「老師，我想到了！」角落一位同學驚喜的叫道：「我們全班可以分成七個小組，每一組負責教阿強一門功課，下課輪流陪阿強一起玩，讓阿強加入我們的課業與玩樂活動，這樣可不可以？」阿美老師在桌子上重重的拍打了一下：「真是太棒、太有創造力了！老師從來都沒想過那麼精彩的方法。」「同學們，好好珍惜能夠幫助別人的機會，老師及你們的父母都會以你們為榮！加油喔！」

　　阿美老師帶著幾許的亢奮、新奇與感動，繼續和科任老師對話：「我們班的阿強是位缺乏家庭溫暖的孩子，他很需要老師們的鼓勵與肯定，我和同學們會全心全力的接納他、幫助他，但各位老師的適時讚美與支持，更是阿強能否繼續學習的關鍵，深信各位老師都跟我一樣想把阿強帶起來，只是阿強的一些頑皮與搗蛋的行為，可能會增添各位老師的困擾，但這是中輟生改過向上可能的過程，需要老師們更多耐心的包容與等待，我很誠懇的拜託各位老師加入我們關懷的行列，每次上課時，給他一個關懷的眼神、溫馨的微笑、正向的語

言與適時的掌聲！」所有科任老師都被阿美老師的誠懇與愛心深深的感動，並表示願意全力配合。

　　接下來，必須面對的關鍵人物，就是同學們的家長。阿美老師翻閱了許多書籍，也試著向其他老師請益，她也設身處地的為家長們思考：「**如果我孩子的班上轉來一位中輟生，我這個做媽媽的會如何看待？是抱怨或無奈的接受？是抗議或積極的加入關懷的行列？有什麼辦法可以讓我願意主動加入關懷的行列？**」幾經推敲、思索與模擬，阿美老師決定親自寫給每位家長一封關懷溫馨的信件：

親愛的家長：

　　謝謝您們把孩子送到學校，沒有這群可愛的孩子，老師就沒有價值。我發現您的寶貝孩子，最近上課愈來愈認真、禮貌也愈來愈好，大家都很喜歡他。他是位聰明懂事的孩子，您們家教真成功，謝謝家長們為孩子付出的一切。我們班轉來一位曾經輟學的孩子，經過討論，全班同學都願意用各種方法關心他、幫助他，讓我深深的感動與自豪，能有如此愛心的孩子，相信也是父母最大的喜悅與驕傲。身為老師的我，深深的以孩子們創意關懷與熱情付出的行動為榮；也深切的期盼家長們一起加入孩子關懷的行列，適時的給這位弱勢的孩子溫馨的幫助……

孩子們的家長深受阿美老師充滿啟迪與愛心信件的感動，不再像以往對班上中輟生的抱怨、批評，更在端午節、中秋節等重要的節日，主動要孩子多帶一粒粽子、一個月餅和阿強分享。

真愛就在多一點的創新與關懷

∽ 無私擁抱無限力量

　　阿美老師不斷的鼓勵阿強勇敢表達內心的想法。阿美老師說：「**勇敢說出內心的話，才能跟人溝通，才能練習把話講得有條理，也才能說出溫馨感動的話。**」阿強，這位原本純真的孩子，在人生的旅途中曾經迷失方向，曾經想盡辦法拒絕學習，也曾經放棄溝通，但在阿美老師適時關懷、同學及家長們的支持中，慢慢的找回純真的本性。在一次上課的對話中，阿強鼓起勇氣羞怯的說：「**老師，我覺得您好漂亮，我好喜歡您，好想擁抱您一下。**」同學們乍聽心想完蛋了：「阿強竟然調侃老師，想吃老師的豆腐。」大家凝神等待老師發飆，但出乎意料地，阿美老師微笑著點頭回答：「**阿強，老師也覺得你好可愛，進步好多，老師也好喜歡你，讓老師擁抱你一下！**」阿美老師邊說邊走到阿強的身邊，緊緊的擁抱著阿強，這突然的舉動，把同學們震懾住了。只見阿強情不自禁的掉下淚珠，是感動，更是驚喜！阿美老師不斷的安撫著阿強。這位曾經迷失在社會黑暗角落、天不怕地不怕的孩子，第二天寫了一張卡片給阿美老師：

　　老師，我從小就沒有媽媽，沒有感受過被媽媽擁抱的滋味。當我看到同學都有媽媽關心，還可以依偎在媽媽的懷抱，我多麼的渴望也能有一位媽媽。這段日子，您給我許多的關心與溫暖，也鼓勵我要勇敢的說出內心的話。昨天，我鼓起勇氣告訴老師想擁抱您，當說完後，我內心很掙扎，擔心被同學嘲笑，也害怕被老師責備。當時，我腦袋一片空白，等待著挨罵與羞辱。沒有想到，老師不但沒有給我白眼，還告訴我您也很喜歡我，主動的給我擁抱。老師，這是我人生的第一次，第一次被媽媽抱的感覺，是那麼的溫暖與幸福。老師，謝謝

您，我很滿足，我終於找到了媽媽！以後，我會更加的努力，回報老師！

　　國中畢業前夕，阿強留給老師這樣的話語：「謝謝老師，您讓我在黑暗中找到生命的曙光，在茫茫人海中，找到人生的方向，感謝老師讓我重生，我常想，在無盡的未來，您會不會是我心中難忘的老師呢？答案是：不會！因為您的愛、您的話語及啟示已經烙印在學生心裡，我已經有一部分是您，而您的大愛有一部分已經在我身上，這樣就不會有忘或不忘的問題了。」阿美老師心裡反覆咀嚼著這短短的字句，是那麼的純真與動人。是的，當孩子成為我們的種子，孩子成為老師的鏡子，師生就像左右手相互的鼓勵與支持，師可以為生，生也可以為師，這是多麼令人感動的溫馨畫面。英國教育學者金恩（E. J. King）曾說：「欲為良師，需為終身學習者。」我們也常說：「失去的本身並不可怕，最令人遺憾的不是失去，而是擁有時，沒有好好珍惜。」阿美老師，這位充滿純真與熱忱的老師，珍惜與孩子相處的機會，用智慧放下了身段，用慈悲包容了孩子，用誠摯的教育愛，引領孩子的人生。阿美老師和同事們分享著……阿美老師也得到同事、同學及家長們的祝福，但她只是謙虛的不斷提醒自己：「我只是在做我能做且該做的事，那就是『教人──把學生當作自己的孩子』！」

真愛就在多一點的創新與關懷

生命之探 2：澄心向愛行

9.
善用危機創新契機——一次的危機、一次的重生

✍ 前言——危機在一念間

　　幾年前，在台灣民眾享受空前的富裕與繁榮之際，老天卻開了個最大的玩笑，讓921大地震重創寶島，也震驚無數貪婪之心。那種前所未有的悲慘與淒涼猶歷歷在目，多少破碎家庭仍在默默飲泣中，強忍著俱疲的身心奮力整建，那是台灣百年來空前的大災難，讓全島籠罩在悲戚與恐懼中，如世界之末日。如果純把它當作是天災，那就有點不知檢討的自大與逃避心態；如果只把它當作是老天對我們的懲罰，那也不全然如此，至少它給我們當頭棒喝般地省思「人與大自然共存的法則」。在那一次的震撼教育中，政府痛定思痛要做好相關土地開發、生態保育、防震教育及增強建物結構等長遠性的發展工作，而社會大眾也逐漸開啟社會重建及社區改造的社區集體意識。一次的地震似乎震醒了過去民眾的自私貪婪與投機心態，帶給我們重新出發的動力與方向，也提醒政府應從民眾福祉及國家整體發展著眼，做該做的事，堅持做對的事，是時，全國上下一股沛然莫之能禦的能量，台灣寶島好似驚醒之睡獅，信心滿滿準備迎接新的挑戰，但事實果真如此嗎？

　　身處快速變遷的時代，「變」已成常態，也是一種無常。事實上，從某種角度思考，無常就是正常，只是一般人常刻意的迴避，總把發生在別人身上的事當作正常，發生在自己或親朋身上的視為無常，就像每天新聞報導的許多意外事故，我們習以為常地認為那是正常，但如果事故中有熟識的親朋好友就會感嘆人生無常。同樣一件事卻有兩極的反應，難道這也是正常？也正因為這樣的心態與現象，讓我們對未知的事件疏於防範而逐漸失去應

變的能力。因此，正當地震的創傷逐漸撫平，大家也慢慢淡忘那傷痛的經驗，原本以為那空前絕後的災難，幾經人民煎熬與奮戰後，該得以暫時休養生息。但天不從人願，舉國上下正為經濟不景氣苦惱之際，一股無形的陰霾滲入我們的周遭，就在大家還來不及弄清楚到底是怎麼一回事時，一條條的生命卻離我們而去。面對無形的敵人——嚴重急性呼吸道症候群（SARS），起初大家仍不以為意，認為事不關己並自認不會那麼倒楣，因此，該警覺、該防範的相關措施未能妥為準備，以致又一次空前的恐慌，幾乎癱瘓了民眾的生活與政府的機能，這摸不到、看不到，也聞不到的強敵，確實讓我們感受到它的威力與無情。當我們希望921大地震是「空前」的災難後，緊接著又是「空前」的917大水災，而SARS的疫情，我們還是用「空前」來稱呼，究竟有多少的「空前」可以讓我們蹉跎？我們真能每次都那麼僥倖的逃過劫難嗎？我們能不為這些空前做些「絕後」的應變嗎？危機處理專家們多認為真正的危機來自個人及組織內部，仔細深思， SARS疫情的危機不也就是人們內在的私心、政府內部的紛亂所造成的嗎？

☙ 坦然面對化危機為轉機

自有歷史以來，台灣就不斷承受來自各方的災厄，不論是天災或人禍，似乎從未間斷，無奈的台灣人民總能在驚濤駭浪中殘息面對，死裡逃生。而SARS來襲，全民參與這場看不見敵人的戰爭，忽北忽南，忽冷忽熱，耳語四起，病毒流竄，人心惶惶。其間，民眾太多的無知，產生無謂的恐懼；過度的自私，衍生道德的淪喪。民代過多的口水，淹沒專業的聲音；極度分歧的指責，耗損政府的效能。政府長久的安逸，讓危機處理機制生鏽不彰；

部分單位過於本位，引發多頭馬車。空前的疫情，讓我們再次看到了台灣人民深層的脆弱與卑微，呈現了台灣社會的慌亂與失序，也讓我們深刻感受到政府效能的重要與價值，而教育工作者又體會到什麼？

當媒體報導一個接一個的病例，一家又一家醫院的院內感染，過去戒嚴時代，匪諜就在你身邊所導致之猜忌、擔憂與惶恐的不安景象，在腦海中又若隱若現般地浮現；民眾所表現出的冷漠、疏離，使得人際間的信賴與互助幾乎崩潰，而猜疑、排斥卻也使得人我間關懷與平等的價值受到質疑；因恐懼、焦慮所導致的囤積與搶購的難民行為，似也印證了只顧自我生存的自私心態。SARS事件的確帶給人民極度的恐慌，對經濟產生前所未有的衝擊，也使得整體國家形象嚴重受損。這一切都是已經發生的事實，再多的抱怨，徒增心頭的不平；無謂的恐懼，會讓自己失去理性；消極的逃避，會使鬱悶久久不去。德國哲學家明斯特·艾哈特（Meister Eckhart）說：「**身處黑暗，才能發現光明；同樣地，當我們悲悼哀傷時，光明就在前方。**」如從積極、正面的角度思考，「危機」其實也意味著危險的「機會」，這個機會可能不適用一般的方法予以掌握與處理，它蘊含著冒險，甚至安危的層面，但只要能釐清其中的微妙因素及危險因子，運用有效的方法，它就是突破困境、改變現狀的大好機會。美國知名作家李察·巴哈（Richard Bach）著有《天地一沙鷗》等作品，他說：「**每個問題的手裡，都握有給你的一份禮物。**」因此，正當全台籠罩在疫情的陰霾時，我們是否冷靜地搜尋黑暗中的光明？是否理智的用行動撥開雲霧？正當我們為那些犧牲的醫護人員哀悼與不安，為那些染煞者的病故悲傷與惋惜時，我們是否擦乾淚水，

極目眺望迷濛中的光源？我們是否深深的吸口氣，勇敢的吐出一切的傷痛？在如此重大危機中，我們只有坦然接受，才能理性的面對與分析，也唯有如此，才能沉著的承受不可預知的變故與創傷，找到改變的契機。巴西作家保羅·科爾賀說：「**告訴自己，恐懼挫折，比挫折本身更可怕。**」是的，病毒雖然可怕，但它不是不可以防治，只要能安頓慌亂、焦慮、恐懼的內心，就能遵循醫學專業的建議，正確的對抗病毒的侵襲。慈濟證嚴上人勉勵國人：「我們要戒慎，但無須恐懼」，不也提醒我們在危機中應有的因應態度嗎？

SARS事件對教育園地也造成極大的衝擊。在校園中，我們一再教導學生要懂得關懷、互助，更要接納、包容與寬恕，這些人格成長所需的重要特質，在日常生活中，不易顯現，在安逸的環境中，也不易培養。過去，沒有太多機會全面檢驗孩子人格教育的成效，我們也常以該教的都教了而自我安慰，也就沒有花太多心力，思考這方面的問題。當SARS疫情蔓延至校園，部分家長要求全校停課的聲浪，為學校全心投入疫情防治增添許多額外的負擔，尤其那些發聲的家長，社經地位都不低，關心自己孩子的健康，乃人之常情，但諸多非理性的訴求，卻也顯露出個人內在人格與價值的迷思。而部分老師在無知與恐慌中，也呼應著停課的要求，讓學校決策的行政單位飽受內外夾擊，使得防「煞」的力量被分散，許多該注意、該加強的措施，可能因而疏漏，造成無謂的遺憾。當看到居家隔離的孩子返回校園，卻遭受同學的冷漠與排斥，內心有無比的傷痛；當看到醫護人員的孩子被部分家長指指點點時，真恨不得能在現場給予孩子關懷的擁抱與接納，但身為學校的教育工作者，在這時候，我們為這些心力交瘁的孩子

又做了些什麼？這樣的景象，讓我想起幾年前腸病毒侵噬全台，造成重大傷亡時，有位讀者在媒體投書，內容大概是這樣的：讀者的外甥女就讀國小，因感染腸病毒後，留下些後遺症，身上某些部位出現痱子般的細粒，班上同學都誤以為會傳染，而不願和她坐，也排斥和她玩，小女生無辜且落寞的把情形告訴老師，老師卻回以：「**同學不喜歡和你坐，你就自己一個人到後面坐；同學不願和你玩，就不要自找沒趣，自己玩就好了。**」（這樣的對話，無異告訴班上孩子，這位同學真的得到傳染病。對孩子無疑是傷口撒鹽，那種被排斥、被否定、被放棄的心碎，可能也只有孩子才能感受！）自那天起，小女生每天心神不寧的晃蕩，完全變了一個人。某天，讀者到她家探望，發現這位小外甥女沒有出來迎接，有點反常。經詢問後，才了解原委。讀者進到孩子房間，看到孩子用手帕把手上一粒粒的紅疹包住，害羞得不敢面對。這位讀者感傷地把事實投書在媒體，並沉痛的吶喊：「**這就是我們的教育，我們的老師嗎？**」憶起閱報的當下，內心久久不能自已，傷懷的淚珠也在眼眶滾動。心想，如果那是我的孩子，我要如何安慰？我要如何和老師溝通？又要如何和那些無知的孩子對話？在抗煞的危機中，如果我們也能藉由實際案例反思教育基本價值與深層結構，從而將過去偏重「形式」、強調「結果」的迷思，調整轉變為重視教育實質內涵與學生人格發展，並以過程為先，美好結果為要的宗旨齊頭並進，當能開啟教育發展的新契機，如此，SARS危機不就是教育轉機的引線與動力嗎？

∽ 積極行動解危機為生機

　　SARS事件不是從天而降，也不是無中生有。就某種層面，它

的確帶來嚴重的危機，讓台灣產生集體的焦慮，各種荒謬現象不但在國內媒體大肆披露，也在國外媒體受到關注，這些突兀的新聞畫面，所造成的誤導與傷害，難以磨滅。而為抗煞應運而生之各種預防偏方，再次造成搶購的風潮，為某些行業帶來意外的商機，這始料未及的收穫，也可能是我們特有的現象；無知的民眾在絕望與希望間不斷被激起，街道上、大眾運輸上各式各樣的口罩，也為無聲無息的人潮平添幾許的神祕與哀怨。一次的災難，就是一次的教訓，更是一次的反思與成長。這次的災難，蘊含多少我們平常忽略的生、死教育課題，也提醒我們危機處理機制建立與演練的重要，尤其關鍵的是對生命意義的另類省思，對生命價值與尊嚴的重新建構與界定。

抗煞過程中，除了種種內外情緒的煎熬，也並非沒有正面意義。它像一種潛在課程，徹底給國人上了一課，包括健康倫理、公民道德、社區意識；它也像一面鏡子，硬生生的教我們反觀自照、逼視自己，讓那潛藏內心深處的醜陋與沉痾得以洗滌；也促使許多過去表面化的工作，得以藉此獲得重視與落實；更激發人們潛藏的生命關懷，對於家人甚至是遙遠陌生人的關愛與祝福。聽到同學們說，自從SARS事件發生後，學校的洗手台都備妥洗手乳液，讓同學們有機會把手洗乾淨，真的感受到衛生教育的被重視與重要，這在過去，被認為只是學校宣傳或說教的口號，卻在意外中得以落實。為了了解抗煞的相關知識與方法，大家無不想盡辦法蒐集資訊，也利用各種管道分享資訊，這種積極主動學習的態度，也似乎是前所未有，如果，能因為這樣的練習，得以稍加改變過去為考試、為分數而苦讀的景象，不也是一大收穫嗎？看到許多家庭，全家動員忙著以稀釋漂白水擦洗地板及家具，那

種專注且賣力的神情，顯露出家裡大小同心、目標一致的動人畫面，不就是我們所期待的溫馨家庭嗎？雖然，消毒藥水或漂白水的氣味，持續且略帶刺鼻地飄流在周遭，但這久久不散的氣味，象徵的是清潔，代表它的殺菌功能，也是一種提醒，希望我們能用正確有效的方法關懷生存的空間，才能讓危機轉變成生機。

抗煞是為了將危機轉為「生機」，除了要有正確的知識與態度，更重要的是堅決與堅忍的行動力。所謂「生機」，就是生存的機會，更是生活的機能。讓感染者得以治癒，是生機，但更重要的是，後SARS時代生活態度與機能的調整與提升。在抗煞行動中，第一線的醫護人員遭受空前的挑戰與考驗，那些堅守崗位、堅忍應戰的醫護人員，在那毫無頭緒、生命交關的危急之際，流露出人類至大至尊的光明本性，雖然，不免遺憾地鞠躬盡瘁，但留下的是永垂不朽的大愛與幻化般的天使，他們捨身成道，是我們心中永遠的菩薩。而部分飽受驚慌逃離現場的醫護人員，備受各界批評與指責之際，我們是否也能試著以其親人的立場，給予包容與關懷。我深信，沒有人願意輕易地放棄救人的大好機會，只是他的處境迫使他有不得不離開的苦衷，更進一步而言，也可能是我們的教育，沒有真正涵養這些醫護人員的基本信念與倫理守則，才會有荒腔走板的事情發生，這不也是給我們的醫護教育一個省思的機會嗎？這些離開現場的醫護人員，內心一定也有許多的不安與自責，也會有所省思與愧疚，他們需要的是同理與寬恕，才能在愧疚中重新建立正確的價值。因此，一個健康的社會，必須用同理且關懷的態度接受這當中的不夠圓滿，試想，人生不也是在圓融與缺陷間不斷的折衝、超越與平衡嗎？

抗煞，一方面是與頑強的病毒作戰，是醫學界所須面對的工作；另一方面卻是要和我們深層的自私、冷漠、貪婪與無知對抗，這是教育責無旁貸的職責。抗煞，讓醫學界重新建構醫療體系與網絡，能痛定思痛根除過去績效掛帥的醫療弊端，也提供新的研究領域與方向，這一切，都必須藉由團隊與創新的行動再出發。而抗煞也讓整體教育有重新省思、因應與實踐的機會，它必須藉由對話、澄清與內化，才能轉化成行動。抗煞期間，媒體一再報導有關台北市衛生局處理SARS事件可能不當的種種事情時，透過電視畫面，看到相關衛生局官員所承受的壓力與無奈，心想，如果我就是那些官員，在盡心盡力之餘，還得處理這些額外的批評與質問，我是否感到委屈？我能否沉著以對？身為教育工作者，在慌亂的社會，我們能找到什麼樣的價值，鼓勵自己勇往邁進？我們能發出什麼樣的清晰聲音，得以振聾發聵？於是，在上課時，我和同學們做了詳細的分析與討論，讓同學們試著感同身受，最後大家決定寫一封感謝與鼓勵的信件，給那些第一線辛苦的公僕。我之所以如此做，是希望藉由事件的討論，激發同學關心社會，了解事情真相，更要培養同理的心思與能力，才能表現出關懷的行動，這是我們社會所缺乏，也是我們教育最薄弱的層面。當我們抱怨現代的孩子不懂感恩、不知關懷、不願付出時，我們能否捫心自問，我們的教育、我們的社會提供孩子練習感恩、表達關懷的機會了嗎？面對疫情的肆虐，大家心情緊張可以理解，但這股緊張情緒如何轉換成生活中的動力才是最重要的！因此，藉由SARS事件，我們可以好好的找回諸多的「生機」，不也應感謝老天意外的賞賜！

∽ 結語──後SARS時代應有的省思與因應

在摸索與積極應對中，抗煞已告一段落。醫界認為SARS可能成為固定傳染病，它就像過去困擾我們的肝炎等病毒，一直潛藏在我們體內，如果沒有正確的認知與態度，未來再度來襲，可能依舊自亂陣腳；如果不思考因應之道而從此掉以輕心，可能面臨更大的危機。西藏精神領袖達賴喇嘛曾說：我們永遠無法確定，先降臨的是來世還是明天。其意味著人世間的無常，也提醒我們要坦然接受一切的變易，才能在每件事、每個時空、每個當下，活得自在。印度詩哲泰戈爾說：「凝望水面，無法橫渡大洋。」因此，面對後SARS時代，我們必須用行動展現改變的決心，好好思索政府應做什麼？學校可以做什麼？老師可以改變什麼？家長應有什麼樣的調整？學生應學到什麼？應表現什麼樣的行為？這一連串的問題，才是我們應深切思考的方向。從這些問題中，尋找答案及發展的脈絡，才能把「空前」的災難，當作是最後一次的大災難，進而轉化為「絕後」的生機。

我們常說，一個人面對事情的態度，其實就是他面對生命的態度；一個人面對困境的思維與行動，也是他未來人生旅途的方向與前景。在逆境中，內心充滿恐懼的人，不管多麼努力，終究無法掌握自己，也無法相信別人；而一個心中有愛的人，自然會珍惜自己，也能表現對別人的關懷，讓自己快樂，也帶給人希望。因此，後SARS時代，就個人而言，應該是自信（Self-confidence）、行動（Action）、信賴（Reliability）、奮鬥（Struggle）的系列結合與整合，也就是每個人都應對自己有充分的信心，並用行動展現關懷與實力，人我間有緊密的信賴關係，

才能為長遠的目標共同奮鬥。近來聽一些醫生朋友提及，過去常有上了年紀的老人，為求心安，三不五時就到醫院掛號領藥，卻不一定按時吃，但在SARS疫情到達高峰的這段時間，那些老人幾乎安分的待在家裡，聽到醫院就搖頭，沒有人再上醫院看病，那些老人似乎也沒有因為如此而身體不好，可見平常真的沒有那麼多人需要吃藥，這些現象，不就證明過去的生活習慣與觀念存在著某種程度的失序與矛盾，如能藉由此次的抗煞經驗，建立正確的健康觀念與養生之道，不也是一大福氣嗎？

　　就整體社會而言，SARS帶給我們的，不該只是滿街口罩與搶購風潮，而應是重新詮釋SARS，從中獲得新生，那就是Solidarity（團結）、 Adaptability（適應）、 Reflection（反思）、Support（支持）。進一步來說，它應該是全民團結的契機，也是適應新生活的開始，同時，藉由不斷的檢討與反思，摒除過去的盲點，挑戰現在的困境，迎接未來的發展，並能建立有效且完備的支持系統，強化橫向間的聯繫與支持，做好縱向的領導與溝通，這是健全的現代社會應有的機制與努力。台大醫院李源德院長在2003年6月4日針對SARS事件，在《聯合報》發表感言時說道：「SARS賜給我們大家重要的學習課題，學習是權利，也是機會，沒有機會，也就沒有學習。在後SARS時代更要有不同的決心與毅力。人生難免有不如意，但我深信人生沒有挫折，只有歷練。在工作中學習，在學習中歷練，看到別人的錯誤，避免別人的錯誤，學習對人的尊重，學習人際關係，學習人際溝通，在後SARS時代，創造人生更開闊的境界。」短短數語，讓我們感受到李院長看待SARS事件的樂觀胸襟與寬廣視野，也引領我們未來應有的正確態度與學習。相信，只要充滿自信，有行動力，能彼此信賴與奮鬥，藉

由團結、適應、反思與支持，一定能讓過去種種非理性的反應逐一根除，進而顯露人的神聖價值，讓社會文化有所改變與提升。這樣的期許，是一種決心，一種希望，也是一種夢想，更是一種行動，把希望寄託於決心，把夢想繫於股掌，用心規劃，放手一搏，一切都將在掌握之中，不是嗎？

（本文原刊載於《師友月刊》，2003年7月，第433期，頁54-58）

生命之探2：澄心向愛行

10.

勇敢做自己

∾ 前言──師者身分何其沉重

近日與幾位教育界好友一道上陽明山，在崎嶇陡峻的小徑，沿著石板階梯綿延而上，陣陣的喘息逐漸淹沒微弱的對話聲。小女興致勃勃的以為叔叔阿姨會攜小來鬥陣，怎奈哥姊們各有天地，落得只有小女夾雜眾人群中，露出沒趣的無奈神情。果真，未及山腰，嘟嘴哭臉、寸步難移的拋落於後。做父母的左一句「好棒喔！已經快走一半了」，右一句「叔叔阿姨都喘氣了，只有你沒有，真不是蓋的」，耐心地安撫打氣；同行的好友也加入鼓舞的行列，硬是讓小傢伙重振信心，純真的歡笑聲激起彼此沉重的腳步，微風撲面，氣息為之順暢。到達山頂涼亭，看到小女得意的神情，好奇的問她，爬山途中為何出現賴皮的現象，只見她俏皮的答以：「沒有小朋友，太無聊了，就是這樣簡單嘛！」再問：「其他的小朋友很努力的爬，沒有像你這樣拖拉呀！」小女這回認真的說道：「我就是我嘛！您怎麼知道其他小朋友心裡沒有想要賴皮呢？」突如其來的應答，是那麼堅定清晰。是的，孩子就是孩子，孩子也是他自己，何須成人拿來做比較。這就是孩子的本性，毫不隱瞞流露內心的世界，是一種自信，也是難得的純真。反觀我們大人呢？閒談間，好友提到，2002年928教師遊行後，部分家長對老師遊行的訴求不甚認同，於是，在相關討論中，對老師的意見會產生某種程度的質疑，無形中降低對老師的信賴與尊崇，因而部分老師於參加校外活動被問及從事哪種職業時，常會猶豫而不好正面表達師者的身分。這樣的轉變，可能是老師始料未及的；這樣的心情，也是一般人所無法體會，但卻是老師心頭的迷惘，不禁為之慨嘆！心想，作為教育工作者，如果

生命之探2：澄心向愛行

對自己的工作、角色、身分都沒有十足的信心，又如何能取信於社會大眾？如何能協助孩子建立信心與尊嚴？

✐ 自我接受才能坦然面對人生

發現自己和做自己是人類至為平等且最珍貴的大事，它需要十足的勇氣、決心與毅力。只有勇敢的做自己，才能培養人際間相互欣賞、相互尊重、相互包容的涵養，也才能激發個人自我肯定、自我接納與自我超越的特質。或許每個人的特質與信念都有不同，但能自然流露，就能自我尊重，勇敢的做自己。過去農村的生活，簡樸的衣食是普遍的共通文化，言談間少有美食的語詞，也沒有服飾的比較，即使偶有，也是村婦間分享種菜施肥的心得與抓蟲除草的驚奇，當然，縫補衣褲所流露出賢慧與溫馨的畫面，也常使單調的農村生活增添幾許的甜蜜。生於斯長於斯，使我全身都浸染了鄉土的氣息，簡樸的生活也似渾然天成，成為我最大的標誌與自豪。每回參加會議，習慣性地休閒便裝，也就成為我的最愛。有次，參加全國大專校院生活教育研討會，承辦學校的校長及重要主管，個個西裝筆挺，慎重其事般的招呼與會人員，而我一身休閒便裝坐在台上。開幕時，更代表教育部對生活教育的精神、價值與期許做了約莫十分鐘的闡述。茶敘間，幾位學務同仁靠近我身旁，略帶驚訝地悄悄問道：「台上的人都穿西裝，為何你敢只穿著便服且侃侃而談？」對習慣如此穿著的我來說，這樣的疑問，似乎有點微不足道，點頭微笑地回以：「這是我的習慣，我不會因要穿什麼而傷神。生活教育就是在簡樸中生根！重要的不是穿什麼，而是能說什麼且能做什麼！」我直覺地感受到與會人員流露出讚嘆與不可思議的眼神，卻又存些疑惑般地

回到座位，其實他們又何嘗不希望如我一般兩袖清風，可是在世俗的眼光與期待中，又有多少人能灑脫的不受拘束而坦然自在？

在一次應邀參與教師週三進修活動中，午餐後，我穿著T恤匆忙趕往會場。走進學校大門，一位老師焦急的在門口徬徨，邊看手錶邊四處張望，顯然是在等待主講的講師。我向他問個好，直接步向會場，已近講演時間，報到的桌子，只剩三兩位教師無奈的等待。我向他們示意可否進入會場聽講，他們問我打哪兒來，我故作羞澀說是某某學校工友。他們連忙說當然可以，還不忘給我讚美，「工友也那麼上進！」我微笑點頭大方的進入會場，直奔講台，學校主任急忙把我叫下，並特別叮嚀，講台是給講師用的，要我坐到台下聽講，我當然從命。過不了幾分鐘，在門口那位老師匆忙入場向校長回報：「可能講師遲到了，是否延後幾分鐘開始？」眼看他們坐立不安的乾瞪眼，我又再度走到台上，當然依舊被請下來。我只好自我介紹就是應邀的講師，全場哄然大笑，學校同仁不可思議的一致說道：「我們以為講師一定是穿西裝且稍有年紀的，沒想到來的是⋯⋯」惹得學校相關人員在焦慮中得到滿懷的爆笑，我點頭頻頻致意。相信，這一幕對與會的老師來說，可能成為難忘的回憶，聆聽「工友的謬論」，一定有不同的感受！

小時候，父母師長常告誡我們，穿衣服要整潔，即使破了，只要縫補好，穿在身上就要好好珍惜；吃東西，只要是可以吃的，都是好的，不要浪費。在那物質匱乏的年代，孩子們關心的是能否吃飽，哪能計較吃什麼；擔憂的是寒冬的衣服能否禦寒，哪敢比較是否美觀。孩子們只要能吃飽、穿暖，個個都顯得神氣活現，嗅不到一絲寒酸的味道，在純樸氣息的薰陶中，自然養成

簡樸的好習慣。而那時學校的老師也少有裝扮，在大班教學中，忙於學生的課業及家庭的互動，還會經常彼此討論孩子的問題，和樂融融的景象，顯示出教育專業的情懷，自然能信心十足的面對家長，成為社區的「公親」。西方哲學家伊比鳩魯（Epicurus）曾說：「當來自欲望的痛苦解除時，簡樸的菜餚和奢華的盛宴提供同樣的愉悅。」僅此「簡樸」二字即隱含著許多生活的精義與價值。反觀現代的孩子，吃得豐盛，卻挑食不滿；穿得漂亮，卻覺不足；玩具多得成堆，卻不快樂。日常話題多圍繞在吃了什麼大餐、買了什麼名牌的衣物、到了什麼遊樂場所，這些不經意的對話，讓孩子們淪為比較下的犧牲品，追求新鮮、品牌、享樂的欲望，也使得孩子逐漸失去自我的意識與價值，又如何能接受與面對自己的處境？而老師們呢？為自己個人的需求與權利想得太多，也為未來的不確定感過度的憂慮，忽略了應有的專業行為與成長，突有今非昔比的失落與茫然，又如何能勇敢的面對社會各界對教育的期望與質疑？已故諾貝爾和平獎得主天主教修女德蕾莎女士曾說：「如果我們花太多時間擔憂自己，就沒有時間付出給其他的人。」短短數言，能否如暮鼓晨鐘般，激起教育工作者從事教職的內在初衷，全繫於師者自我珍惜與接納之一念間。

✍ 站在自己的條件上才能快樂過生活

我們無法決定自己生命的誕生，這是目前無可改變的事實，但既已為人，我們就有許多的方法可以決定自己的生活。里奧‧巴斯卡力（Leo Buscaglia）曾說：「**生命，是上天給你的禮物；生活，是你給上天的禮物！**」每個人與生俱來都有獨特的天賦，生活的目的或有不同，但其最基本也最為要緊的，就是好好珍惜上天

賜予的生命，善待自己、快樂生活，創造豐碩的生命價值。簡言之，每個人都屬於自己所有，不屬於任何人。如何讓自己在天賦與內外環境的交互孕育中快樂的生活，確實是每個人必須思索與努力的課題。

越南的禪學大師一行禪師（Thich Nhat Hanh）說：「**生命的意義只能從當下去尋找。逝者已矣，來者不可追，如果我們不反求當下，就永遠觸不到生命的脈動。**」在我們成長過程中，一再地被期望、要求要成為什麼樣的人，但卻很少被引導在當下（real moment）過生活，以致在懊悔過去與追逐未來中流失眼前擁有的一切。如果我們沒有學到享受擁有的一切，那麼擁有再多，也不容易帶來快樂。小時家境窮困，父母專注的是每天的三餐，沒有太多未來的奢望，如果有，或許也只是孩子們平安的長大，所以，常能在溫飽中展露知足的眼神，也能在滿足中給予周遭鄰居一份真心的關懷與協助。回想，那樣的物質環境，何以能恬淡自如？難道這些人都沒有欲望與遠大的理想嗎？記憶中，家族長輩常會給予孩子們耳提面命：「**要知道自己父母的能耐，要想想自己有幾兩重，要好好認命，別人家再好，也不會無緣無故跑到你的身上，只有靠自己，才會有將來。**」如此平淡無奇的叮嚀，用現在的眼光來看，可能有點消極，也略帶點保守的意涵，但仔細品味，它不也在提醒孩子要自重，無須乞求；要守分，不要旁鶩；要識己，不要攀援；要知足，不要奢望；要自立，不要依賴嗎？彼時，父母目不識丁，但心卻能很清楚的知道自己的處境與條件，也毫不難為情且明確的把訊息傳遞給孩子，逐漸內化成孩子心中的價值體系，才能奠基在自己的條件上自在的過生活，甚至一步一步的邁進。

生命之探 2：澄心向愛行

教育是一種專業，屬於培育人才的工程；也是一種志業，趨向於利人利己的公益性長遠大計。身為教育工作者，在變動的社會中，是否深入了解外在環境對教育的衝擊？是否清楚社會大眾對教育的期望？是否反思教育的基本價值與信念？是否探索教育發展的條件與面對的問題？是否在夜深人靜時自我感受內在教育良知的呼喚？是否從孩子天真無邪的臉龐找回我們的本性？又是否在孩子無奈的眼眸激起教育的使命？這一連串的問號，是教育專業必須掌握的現象與條件，也是具有專業素養的老師念茲在茲的課題。過去，師長們常勉勵師範校院的學生「進可攻，退可守」，一方面是要在自己的工作崗位上用心，能有所承擔；另一方面也可以規劃自己的遠景，能有所創造。這不也是一種安守自知與追求自立的知命哲理嗎？但捫心自問，在當前追求功利、強調自我享受的洪流中，又有多少老師能秉持教育信念，建立自我價值感，勇敢的面對外在的批評與期望，又能反躬自省，不斷沉澱與構築豐厚的人文素養？當聽到老師們對教改的批評與無奈時，我們可以感同身受並體會其中的緣由，但老師就是教改的第一線成員，真正自我肯定與自我挑戰的老師，會在眾多批評中廣泛蒐集資料，分析各種意見的利弊得失，並尋求有效的解決方法，而不是一味的消極抱怨或抗拒。整體教育環境有共通的文化與特色，這是第一線的老師所不易著力之處，也不是一時能改變的現狀，身為教育工作者自應有所體認，但要緊的是，應掌握並善用自己獨特的條件與價值，才能在看似困頓的環境中發出清晰的聲音，為塵封的心靈注入活水。根據教育現場的觀察，一般的老師多能任勞任怨，在教改的聲浪中，以各種步伐亦步亦趨的蹣跚踽行，就外觀行為而論，老師是動了起來，但仔細觀察那形於

外的神情，蘊含著多少的惶恐、無奈與不平。老師們也知道這無可迴避的教改大計，必須知所面對與因應，但推動的過程，依舊存有諸多的坎坷與不順，這其中的關鍵，能不好好探究嗎？

　　意外往生的杏林子劉俠女士，在有生之年，飽受創傷，但卻自在的迎接每一天，她沒有因為身體條件不好而抱怨老天不公，也沒有因為不良於行，而憤世嫉俗。反之，她珍惜擁有的一切，以無比的毅力征服了自己，讓有限的生命轉化為永恆的價值。就一般世俗眼光來說，她的條件存有許多的不足與缺憾，但她在自己有限的條件上，發揮得淋漓盡致，讓生命可歌可泣，這樣的情懷與氣度，不也是教育工作者活生生的素材嗎？劉女士生前允諾捐贈遺體供大體研究時寫道：「**病了幾乎一輩子，不打開來研究研究，實在太可惜了。至於解剖後剩下的殘渣，就燒成灰撒在屋後的小蘭溪吧，多少也可以滋潤兩岸的花草。**」凡稍有血性的人們，讀此遺言，能不深受影響而激動內在的良知嗎？在破碎中找到生命的意義，創造生命的價值，雖有條件上的不完美，但卻有生命的完美，這不也是當前社會最缺乏的人文的淑世情懷嗎？劉女士血淚斑斑的人生逆境，更激發她與眾不同的生命歷程，為冷漠功利的社會播下一顆熱愛自己、關懷弱勢、永不放棄的生命種子。而身為教育工作者的老師們，我們的條件真的不好、不如杏林子嗎？我們又能為教育大環境植播什麼樣的種子？

✑「管他別人怎麼說」　就是成就自我的重要關鍵

　　在生活現場，父母常會聽到年紀較小的孩子哭訴，「姊姊和哥哥說我壞話」或是「某某同學說我如何如何」，這些聽起來不

怎麼要緊的瑣事，卻常牽繫著孩子的心情，也成為父母煩心的功課；而老師也會發現部分同學有同樣的煩惱，總是被同學的一兩句話，弄得愁眉苦臉。不論是父母或老師面對孩子此類的問題，常會不耐的回以：「不要那麼在意別人的說法，自己做好就沒事了，管他別人怎麼說！」如是簡單的幾句話，聽在孩子心裡，只能無奈的接受，畢竟孩子的心智尚未成熟到足以分辨這些話的真意如何；也未發展到足以掌握自己的情緒，不受外界的影響。孩子如此，而我們成人又如何呢？當各種廣告一再的宣傳豐胸、減肥、美容的特效時，多少的女性朋友不顧一切趨之若鶩的瘋狂情形，為的是什麼？還不是別人東一句「飛機場、汽油桶」、西一句「長得很安全、很抱歉」的閒話，搞得這些天生愛美的女性成為社會最大「不滿足」的族群。這些女性朋友，比起那些純真孩子的煩惱，似乎也成熟不到哪兒。社會人士如此，再看身為教育工作者的老師又如何？當聽到其他老師對自己的班級經營、教學方法，甚至班上孩子的表現有所批評時，是否能虛心的領受與自我檢討，還是惱羞成怒地自我辯解或發洩在孩子身上？尤其，那激烈競爭的成績排名，部分有良知的老師，想秉持五育均衡的理念教導孩子，可是孩子的考試成績卻受到影響，致使部分被家長品頭論足地認為老師教學不力，無辜的老師是否能繼續堅持？也有部分的老師主張愛的教育，不打不罵，可是已習慣於被要求責備的這些孩子，置身在愛的環境中，突然無法適應，表現出漫無紀律的行為舉止，惹得老師備受批評，這些老師能不在意別人的看法，堅持愛的教育理念嗎？

　　希臘三哲之一的蘇格拉底先生，一生實踐力行哲學，未留下任何著作，不曾向跟他學習的人收費，對物質的擁有也不在意。

一年到頭都穿著一件同樣的斗篷，幾乎總是打著赤腳，滿懷信心地闡揚他的理念，他勉勵同道：「我的好朋友，我們不該那麼在意群眾如何談論我們，應該在意的是專家在正義和非正義的事情上說些什麼。」這是多麼堅定與重要的自我信念與價值，身為教育工作者，如果也能建構自己的教育信念與價值，又豈會輕易受別人一句話的影響呢？西方哲儒塞內卡（Seneca）認為：「有智慧的人不會失去任何東西，他擁有自身擁有的一切；有智慧的人是自足的，如果因為疾病或戰爭失掉一隻手，或是因為某個意外單眼或雙眼失明，他將滿足於他所擁有的僅存部分；有智慧的人即使擁有侏儒般的身高，也不會鄙視自己。」他也認為：「有能力正確辨別出何處可隨心所欲地塑造現實、何處需以平靜心情接受不可改變的事實，才是智慧之所在。一隻死命抵抗套索的動物會將套索弄得更緊……沒有任何枷鎖會如此地緊，緊到被綁住的動物是順著它或抵抗它，受到的傷害皆相同；克服邪惡的緩和之計，就是忍受並順從必然性。」從塞內卡的哲理中，老師們能否反省自己是否是一位有智慧的老師？面對教育改革及內外環境的衝擊，我們或可暫時做某種程度的抗拒或逃避，但這種抗拒、逃避的思維，不正把自己困在良知的牢籠中嗎？我們或許承擔更多的責任與壓力，但應思索「壓力是否應如此『深沉』或『永無止境』」；面對別人的一言一語，我們是否也應反思：「真的那麼嚴重嗎？」

　　的確，每個人心中都有一把尺，但教育工作者尤須有專業的尺規，只有奠基於教育專業的這把尺，才能展現教育尊嚴，引領孩子，實踐教師的生命力。老師面對的是可以教、值得教的孩子，任何孩子內心深處都有一份純真靈性，或許成長的過程，

讓孩子存有表象上的缺失，但這並非孩子的真心，而是被扭曲的姿態，也是迷惑的外表而已。身為教育工作者，要深信孩子的善良與純真，不要被外在表象所困惑；要清楚的認知教育的場景，抱持信心迎接每個新的挑戰，不要因別人的一句話而改變愛的初衷。就這麼一句「管他別人怎麼說」，蘊含著堅定的自信與積極的自我肯定，而不是消極的漠視與排斥。唯有如此，才能摒除流言的困惑，根除心中的迷與盲，勇敢的付出教育的大愛，實現自我價值！誠如劉俠女士的最後一篇文章（在她往生後三日刊出）〈溪邊的樹〉，對樹如此描述：「樹不像雲……樹也不像風……樹就是樹，雖然可以抽條長葉、開花結果，卻只能緊緊的守住它腳下的那一塊小小的地，它無法移動，寸步難行。」的確，樹就是樹，只要能謹守本分，自有其存在的價值。而老師就是老師，更應謹守方寸深耕福田，尤其在眾說紛紜、是非不分、善惡不明的時代，不是嗎？

（本文原刊載於《師友月刊》，2003年5月，第431期，頁74-77）

勇敢做自己

生命之探 2：澄心向愛行

11.

用心迎新

✎ 用什麼樣的心迎新

　　萬頭攢動的人群屏氣凝神的倒數計秒，2003年在各式各樣的歡呼聲中到來。從電視媒體的報導，世界各地都以不同的傳統風俗盛大的迎接新的一年，看到俄羅斯民眾在零下極低溫的天氣中，躍進冰冷的水池，不由得為他們心生顫抖，但那種勇氣與堅毅的雄心，似乎早已征服身體的寒冷。為了讓小女感受跨年的喜悅與熱鬧場面，晚餐後，和內人帶著小女漫步，前往台北市政府廣場，沿途三五成群的青少年也匆匆邁進。約莫九點左右，整個市府廣場前的道路已擠滿了人潮，有些年輕朋友乾脆把報紙鋪在地面上，玩起團康遊戲，有的則目不轉睛的盯著大銀幕，此起彼落的歡叫聲，展現了年輕人的活力與熱情，也讓跨年晚會在高潮迭起中，High到最高點。時間在分秒間隨著聲浪流逝，萬民狂歡的景象也隨著入夜悄悄的沉靜下來，留下的是次日媒體報導，晚會後那些長途驅車返鄉的青少年怵目驚心的意外事故。狂歡之聲猶在心頭，悲嘆之氣卻也不得閒地夾雜其中。那些不信「樂極生悲」古老警語的鐵齒青少年朋友，是否能稍做省思，適度的調整衝動的思緒與莽撞的心態，才能在歡樂中有所節制並全身而退。在上課時，好奇的問班上學生，幾乎超過五分之四的同學都前往參加跨年晚會，再問他們用什麼樣的心情迎接新的一年，卻又流露出茫然神情，激情過後似乎又回到那永遠睡不飽的惺忪眼神。除舊布新，的確令人歡欣，也讓人期待，但用什麼樣的心來迎新，才能日新月異，卻常被忽略與漠視。

生命之探2：澄心向愛行

小樹也換裝迎新

　　老家的山上，家兄抱持著休閒、好玩及欣賞的心情，種些釋迦、橘子等水果，一方面享受自己栽種的樂趣，一方面也增添幾許等待水果開花結果的雀躍。看到枝葉茂密的釋迦果樹，一層層的酷似一支大傘，在豔陽高照的時候，坐在低層的樹枝上，依舊感受到陰涼的氣息；在綿綿的細雨中，躲在樹下，可以悠閒的聆聽雨滴灑落樹葉的清脆聲，而不用擔心弄濕了衣服。小女和她的堂姊在果樹下玩捉鬼遊戲，爬上攀下，發出一陣陣驚奇的叫聲，都市生活的孩子，不知多久沒有如此開懷的奔放！一顆顆黃澄澄的橘子掛在枝葉末梢，幾乎垂到地面，好似快要折斷，仍然堅韌毫無撕裂的傷痕。看罷，彎腰屈身蹲在果樹旁，感佩它的強勁生命，心頭也不免提醒自己：「人生旅途不也該像細枝般彎而不折、折而不斷嗎？」欣賞著布滿果樹的田園美景，輕撫著令人垂涎的果實，明知要的不多，幾個就可以滿足口腹之欲，但它呈現的是成長的喜悅，更是大自然生命的饗宴。假日回到山上，沉浸在大自然的寧靜與寬闊，源自四面八方的清新氣息，撲面而過，眺望著青翠的山林，一切煩惱似乎早已悄然遠離；聆聽著五色鳥咕嚕咕嚕的叫聲，享受那大自然的原音，是那麼的渾厚與動人，偶爾成群的在木瓜樹上拚命的啄食，眼看期待多時的成熟木瓜，在瞬間被啄空，這在過去的農村生活，怎能忍受，早已撿起石塊奮力丟擲，嘴裡甚至詛咒一番。但在此時，它卻是一幅令人賞心悅目的自然畫面。純真的鳥兒，一起分享美食，沒有任何的計較與傷害，只為飽餐一頓，還能發出悅耳的聲音回報大地。對它而言，沒有是，也沒有非，宛如已到修行的最高意境「不思善，不

思惡」。長輩們常感嘆過了一年，就老了一歲，這是生命循環的自然現象。任何人都會變老，但不是每個人都會長大，只有在變易中不斷尋求蛻變與成長機會的人，才是真正的成長，也才能活得無悔、無怨與自在。面對鳥兒啄食的同樣情景，卻有不一樣的心情，不一樣的感受，這是成長或是變老？大自然蘊含著無數的生命，無限的可能，無盡的資源，只看我們如何面對與看待。奧地利動物學家勞倫茲（Konrad Lorenz）說：「活潑的生命無須借助魔法，便能對我們述說至美至真的故事。大自然的真實面貌，比起詩人所能描摹的境界，更要美上千百倍。」國內企業界名人許文龍先生也曾說：「不被大自然和藝術感動的人，是不幸的人。」大自然的風貌與奇景，的確讓人讚嘆與遐思；而大自然依時的運作，更顯現出「無為」的智慧。面對新的一年，我們能從大自然的觀察中興起什麼樣的省思與體悟？芸芸眾生，庸庸碌碌的奔波，什麼樣的生活，才是享受？什麼樣的心情，才是快樂？什麼樣的人生，才是真正的人生？誰才是真正的贏家？或許，我們一輩子都找不到答案，但試著欣賞並學習大自然的樸實與純真，一切的美景都將存於寧靜的心靈。

從果樹上採收一粒粒的果實，是果農最期待的時刻，收成的喜悅溢於言表，但先前掛在樹梢栩栩如生的感覺，卻寂然消逝，心頭湧起莫名的失落，剎那間的酸楚，讓自己依舊流連在分秒前果實纍纍的景象，一陣嘆息，徒增季節更替的無情與生命瞬息變化的無奈！家兄趁著農曆過年前的空閒，趕緊將果樹茂密的枝葉逐一修剪，而我則挑選了一枝茂密的枝幹，讓小女坐在枝幹樹葉較多的末端，往下坡方向拖拉，這是小時候農村孩子最刺激的坐船遊戲，只不過以前用的是長輩編製畚箕剩下的竹子的末端，因

為竹子末端葉片最多，坐在上面，在凹凸不平的泥土地上拉曳，臀部比較不會疼痛。回想那時，小孩都爭先恐後的排隊等待坐在上頭，而較強壯的兄長們則負責拖拉，一次可以坐兩位小朋友，在快速往下拉曳的過程中，聽到的是葉片與地面摩擦的嘶嘶聲，坐在上頭，搖搖晃晃，稍不留神，可能就翻滾落地，所以，只得使勁的抓緊細小的竹枝，在緊張刺激中夾雜著怕被摔落的恐懼，大呼過癮。即使有一兩位膽怯的孩子，也在其他同伴躍躍欲試中，逐漸感染嘗試的勇氣，無形中培養出勇敢與堅忍的特質，這是生活在都市的孩子所無法體會與享受的奇景。小女好奇的坐在上頭，我拖拉不到幾公尺，一方面是沒有玩伴的觀摩與鼓動，一方面是忍不住臀部跳動的疼痛，她便發出受不了的叫聲，只好作罷！心想，這在以前的農村，是多麼搶手熱門的遊戲，在現代的孩子身上，卻似乎再也展現不出它涵養勇氣與好奇心的價值與特色，這是生活的成長或是退化？值得我們進一步的深思！

　　原本茂密的枝葉，一枝枝的被修剪落地，昔日翠綠發亮的葉片，盡數堆在旁邊的空地，等待乾枯後予以焚燒，將灰燼撒在果樹下當作肥料。一棵棵果樹像被狂風摧殘過般，剩下光溜溜的主要枝幹，赤裸裸的呈現在眼前的是截然不同的風貌，它像經過大手術後的病人，奄奄一息的苦苦撐著，等待重生；也像經過修剪梳洗換裝後的流浪漢，展現出清爽挺拔的氣勢，信心滿滿的迎接新生活。小女看到後好奇的問道：「為什麼要修剪？這樣果樹不會受傷？不會枯掉嗎？」一連串的問題，真可謂大哉問。孩子的敏銳與好奇，讓我得以趁此機會向家兄好好請教並探索原委。家兄詳細的說明果樹種植、成長、開花、結果與修剪的情形，才知道如果不趁著收成後修剪枝葉，養分就會被葉子吸取而無法結

127

用心迎新

出又大又甜的果實。修剪後，還須及時施肥，意味著止痛療傷並填補營養，好讓果樹不斷茁壯。欣賞著家兄修剪枝葉的純熟，刀起枝落，只見枝葉在顫動間，隨即安詳的躺在地面上。而觀察修剪的要訣，更蘊含許多生命的哲理，枝葉高處優先修剪，以免招風或不易採收；保留較矮的枝幹，方便採收，也能減少風襲；而低垂部分則用支架予以支撐，以免折斷。這樣修剪的藝術，真是一大學問。仔細深思，人生不也應如此修剪嗎？高傲得意時，應適時調整，才能避免「滿招損」的遺憾；更要時刻保持謙卑，才能虛心學習，成長自己；也要隨時檢討自己，改善自己的弱點；對於弱勢者尤應及時伸出援手，協助其獨立自主。果農忙著修剪枝葉，為小樹更替新裝，呈現欣欣向榮的新氣息，期待來年的豐收，而我們奔波了一整年，好不容易盼到新年假期的到來，所為何來？是否也能從中獲得啟迪，妥善修剪自己的心性，圓融自己的本性，變通自己的個性，調整自己的態度，涵養恢弘的氣度，才能真正除舊迎新，創造新願景。

∽ 過年今昔大不同

　　農曆過年是我們特有的傳統，也是最受關注的年節。過去農村的時代，物質生活雖不富裕，但迎接農曆過年卻毫不馬虎。許多傳統的禮俗頓時應運而生，譬如小孩不可哭鬧，父母不可生氣責備。霎時，孩子們變得乖巧，父母也變得慈悲。過年前，全家大小忙著採收芥菜，經過適當的處理，一部分做酸菜，一部分做成鹹菜乾。在製作過程中，孩子們的主要工作就是站在甕缸上使勁的用雙腳踩踏，而且要不斷的繞圈圈才能均勻，那時，只覺得好玩，如今想起，酸菜肚片湯或梅乾扣肉的原料都拜孩子雙腳所

賜，還真有點不敢領教。最期待的日子，當然是除夕的來臨，老一輩的觀念認為清洗的衣服不該在外頭過夜，必須在夜色來臨前曬乾收好，象徵著一年來的圓滿與溫馨。因此，午餐後，孩子們開始梳洗，換上乾淨的衣服，幫忙貼春聯。那時，年紀雖小，但常用的春聯對句，多能朗朗上口，感受到新年的喜氣；另外，還須幫忙提著裝滿三牲的菜籃到土地公拜拜，在稚嫩的心裡，總相信祈求一定能保平安，燒香拜拜自然特別的恭敬。除夕年夜飯，是重頭戲，平常不易吃到的雞肉、鴨肉，甚至火雞肉，整盤擺在眼前，孩子們興奮的等待大人開動的口令，口水不聽使喚的開始流動，仔細端詳，每道菜都是自己養或自己種的，當然也就沒有所謂年年有「魚」這道時髦菜了。那樣的盛宴，可真是回味無窮。如今回想，仍覺意猶未盡。團圓飯後，孩子們焦躁的等待壓歲錢，那時，父母給的不是一塊就是五毛。五毛的外型比一塊錢來得大，聰明的兄姊常會好心的拿著五角和我交換一塊錢，結果常吃虧上當，還要心存感謝。過年穿新衣，似乎也是農村傳統的習俗。在那貧乏的年代，平常穿的衣服都是代代相傳，補過、縫過，一層又一層。那時，幾乎每家婦女的裁縫手藝都不錯。所以，縫縫補補也別有一番特色，尤其補過幾次後，感覺特別厚，老師打起屁股也較不痛，這或許是意想不到的好處。因此，過年穿上新衣裳，自然是孩子的夢寐。而所謂新衣服，也不過是上學的制服而已，寬寬大大的，一穿就是好幾年。現在想起，還真有點彆扭。但，那時，整個晚上就是抱著新衣，恨不得趕快天亮。大年初一，起床的第一件大事，趕緊穿上新衣向長輩們問候新年好，並點燃新春第一炮。緊接著，來自左鄰右舍的鞭炮聲此起彼落，在山谷間來回震盪，好不熱鬧。不知是那時資訊傳播不夠發

用心迎新

達，或孩子們的技術太好，印象中，似乎沒有因放鞭炮釀成災害或傷害的案例。那樣的過年，真是喜氣洋洋、和樂融融！

在農村，臨近過年時，常會看到一些小朋友帶著一盒抽獎的糖果或玩具，放進書包，沿途就做起類似小販的生意。農村生活雖然清貧，但為了滿足好奇或欲望，總會想辦法弄到五毛、一塊，一起加入抽獎的熱鬧氣氛。約莫國小四、五年級時，為了能籌措更多的學費與累積更多的零用錢，我也向家母索取十塊錢，買了一盒抽獎的蜜餞，體會當莊家的滋味。有時，還得利用放學空閒，向一些玩伴推銷，有些孩子沒錢卻禁不住誘惑，可以通融用賒欠的方式，等過年拿到壓歲錢再還帳。在鄉村的觀念裡，債務不要欠過年，所以，總能順利還本又有些微的利潤，但抱著抽獎果盒祈求人家抽獎的神情與模樣，如今想起，還真有點落寞與凄涼。近幾年過年期間，鄰居的孩子好玩的也帶著糖果盒來抽獎，勾起童年的景象，趕緊拿出零用錢和小女一起抽獎，希望讓小小的莊家有一份成就感，也算是對自己童年際遇的回報。雖然明知是微不足道的小東西，但那種揭開號碼的心情，仍有幾許的期待，或許這就是人性吧！

過去，年前的大清掃，只有長竹竿、竹掃把及一兩塊破布，就可掃得乾乾淨淨。長竹竿用來清除蜘蛛網，破布用來擦桌椅，竹掃把用來掃庭院，每家派一位小孩共同清掃，在奮力中汗珠常弄濕了握柄，手掌也磨出了水泡，但那種動作齊一向前推進的感覺，煞是力與美的結合，快速的清掃乾淨，深深吸了一口直入心脾的清涼，是一種舒暢的快感！如今，政府要特別為那些大宗垃圾預留收取時間與空間，每家清出的廢棄物，不是不能用，而是

生命之探 2 ：澄心向愛行

過時不好用或不想用；有些衣物，看起來跟新的一樣，只是櫥櫃擺不下，只好清除騰出空間，以便存放新衣。看到街道堆積如山的垃圾，垃圾車來回不停的穿梭，清潔工戴著口罩，貼近身邊仔細觀察，那副口罩早已被汗水浸濕，但清潔工依舊熱情的協助清理，內心真是五味雜陳。這是個富裕的社會，卻也是浪費的社會，無怪乎英國大文豪狄更斯（C. Dickens）在其名著《雙城記》的第一段即寫道：「那是最好的時代，也是最壞的時代……」迄今，經過一百多年的演進，聰明的人類，似乎仍未超脫狄更斯的慨嘆，依舊還生活在愚昧當道的年代！

๛ 重整心靈樂迎新

在農業的社會，孩子用鞭炮迎新，流露著純真喜悅的臉龐；穿上新衣顯得精神飽滿，信心十足的開啟新年的希望。大人們則暫時放下那永遠做不完的農事，燃香祭拜，祈求來年風調雨順；也藉著難得的悠閒，穿梭於左鄰右舍，雖然只有一碗碗的白開水伴隨其間（鄉下幾乎都用飯碗當茶杯喝開水，只有供奉神桌，才有小小的茶杯），但仍感受得到那股濃厚的人情味中蘊含著真心的關懷與分享。每個家庭都蒸了一大籠的年糕與蘿蔔糕，擺在通風的地方，比較不容易發霉，只能近觀不能享用，孩子們偶爾會忍不住的用手指觸摸一下，一旦被發現，銳利的眼神馬上刺射過來，只好裝作若無其事的吞著口水，不甘心的卻步閃開。父母一再的告誡，這些美食是要留待年後忙於農事用的點心，所以，到時只要好好幫忙下田，一樣可以吃到，要耐心的等。試想，在渴望、欲望、期望不斷交錯等待的試煉中，孩子們從小在生活中自然學得欲望的延緩，培養的是容忍、堅毅與自我管理的特質。

而今，太多的孩子用電玩迎新，比起以前似乎高明許多，但通宵達旦後那副未老先衰的頹喪模樣，前途令人堪慮；有些青少年拚命的逛百貨，非把壓歲錢花光不可的玩世態度，已不知什麼是血汗錢，又能對他們有什麼樣的寄望？家裡一道道豐盛的佳餚，全靠菜農與養雞戶的供應，孩子哪能理會這些無名英雄平日與菜蟲戰鬥、與雞糞為伍的辛勞，更遑論涵養對物珍惜、對人感恩的情懷；大人們努力的清除了有形的雜物，但長久堆積心田看不見的怨懟、悔恨、猜忌、偏執、傲慢，似乎仍夾雜其間，日趨混濁繁雜並侵蝕所剩無幾的純淨心靈空間，名為過新年，但新瓶舊酒，又能燃起什麼樣的生機？湧起什麼樣的希望？伊莉莎白‧庫伯勒–羅斯（Elisabeth Kübler-Ross）在《天使走過人間》一書中提到：「你無法提升生命的價值，除非擺脫心中集積的怨氣和不平。」面對新的一年，我們必須學會清醒的勇敢面對自己、檢視自己，把沉澱已久的有害雜質逐一傾倒，以認真負責的態度重新審視新年的意義與價值，才能逐漸還諸心靈潔淨的空間，開啟新的希望與願景。

生命之探2：澄心向愛行

美國演說家胡柏（E. Hubbard）曾說：「世上只有努力不夠，沒有真正的失敗；只有自我設限，不敢超越，並沒有真正的挫折。」長期以往，人們經常被自己或外在框住，迷失在框框裡，斤斤計較，只能做有限度的發揮，甚至在追逐名利中失掉夢想與自我。回顧過去的一年，在教改列車的催動中，仍有許多老師依舊秉持教育的理想與價值，持續成長與付出；但也有部分老師心生困惑，甚至迷失自己，在前行列車的後面不斷的埋怨、批評。那些選擇逃避、退縮的老師們，如何能安頓自己的心靈？又如何能坦然領取那不算微薄的薪資？柏拉圖（Plato）在《對話錄》

中提及：「一個沒有經過省思的生活，是沒有意義的生活。」面對新的一年，我也深切的認為，沒有經過審思的新年，是沒有意義的新年；沒有經過重塑整頓的心靈，將是雜亂或乾涸的荒蕪。在我們內心深處，保有與生俱來的真善，具有無比的可塑性，可以容納內外世界所給予的正面價值，讓我們不斷成長，邁向美好的境界。《心經》中有段文字：「心無罣礙，無罣礙故，無有恐怖，遠離顛倒夢想。」在新的一年，如果我們也能試著放下心頭莫名的煩惱、掛慮、自私與本位，或能找回原本教職的初衷與純真，並善用純真的本性，營造教改的動力，創新教育的品質；秉持感恩的心，珍惜擁有的一切，願意為教育理想主動付出；懷著喜悅的情，雀躍的迎接新的一年，寧靜的期待豐收。德國哲學家叔本華（A. Schopenhauer）說：「一些壓力是必需的，就像船，必須要有些東西去壓船，才能航行。」而科學家牛頓（I. Newton）也說：「愉快的生活，是由愉快的思想所造成的。」同樣地，嚴長壽先生在《御風而上》一書中也提到：「人生歷程中，都不免遇到挑戰，但最重要的不是成敗，而是你預先的心理建設，還有面對『結果』的準備。抱最大的希望，做最多的努力，想最壞的打算，就沒有什麼事情是不可以去嘗試了。」我們也常說，生活不僅是場遊戲，它更是生命中的舞台，舞台上的小動作，就可看出教育的成功與否。面對新的時空與壓力，究竟選擇逃避，開始怨天尤人，或是選擇療傷止痛，勇敢地走下去，繼續保持純真的愛心，堅持教育的理想？不也全繫於老師們用什麼樣的心迎新嗎？我們深切的期待著！

（本文原刊載於《師友月刊》，2003年3月，第429期，頁84-87）

133

用心迎新

生命之探 2：澄心向愛行

12.

轉個念就能享受自在

๑ 前言——用一個激勵建立一個信念

在多元、民主、開放的校園中，學生的自主性愈來愈高，發生的問題愈來愈難以預期與處理，學生事務工作因而更加繁雜與重要，負責其事的相關教育同仁，在倍感壓力中，流動率似乎愈來愈高；而教學掛帥及教室學習為主的偏頗觀念中，學生事務活動常被忽略而無法全面性的推動，影響其應有效益，被賦予重責的學生事務同仁也在未能受到如教務同仁般的尊重與肯定中，顯得沉悶與士氣低落。面對大專校院每年約有四分之一學生事務長、課外組主任更替的困境，教育部於8、9月間分別舉辦全國大專校院學生事務長及課外組主任的傳承研討會。希望藉由相關課程的安排與研討，分享學生事務工作經驗；也期望藉由新舊任學務同仁的聯誼，傳遞學生事務工作的熱情與使命。這項活動的舉辦已行之有年，具有重要的意義，參與研討的學生事務工作同仁也多能從中獲益。

在每次的傳承會議中，大家最常提到的話題是什麼時候可以卸下工作，得以享受陽春教師的逍遙自在。在某一次課外組主任傳承研討會議中，部分新上任的主任抱怨工作繁瑣，毫無頭緒，一副惶恐、不知所措的神情，似有陷入萬丈深淵般的無奈；資深的主任也感嘆事情愈做愈多，每天像陀螺般不停的打轉，生活品質愈來愈低。此起彼落的抱怨、無奈與感嘆的氣息，彰顯課外活動工作的繁瑣與多元，需要更多的關懷、支持與投入。如此的抒發與分享，讓彼此有更多的同理與撫慰，也藉由聆聽彼此的傾訴，促使每個人積極面對這不可改變的事實，認真思索未來一年的工作方針。記得，有位主任在分享心得時，特別提到：「每天

起床的第一刹那，一定會在內心吶喊告訴自己：我是全天下最優秀的課外組主任！我是最幸運的教育工作者！我一定要快樂的迎接每一天、每一位學生、每一件事情！」聽完這位主任高亢的引吭，全場鼓舞的掌聲，如同久旱逢甘霖般注入綿延不絕的活水，現場立即充滿著自信、欣喜、舒暢的氣流，致使部分猶豫、沉悶的主任也如醍醐灌頂般豁然開朗。這適時的呼籲與提醒，改變了多少人的心念，激發了多少人的價值感！面對國內經濟不景氣及政府各項不確定的措施，我們用什麼樣的心念安度難關？不妨品味一下上述令人振奮的話語，也能試著在每天睜開眼睛的第一刹那，給自己一個激勵與期待！

∽ 積極投入是最好的良藥

在我們的生活中，幾乎每個人都有生病看醫生的經驗，偶爾會聽到病人抱怨，醫生問不到幾句話，藥方就開好，叫病患離開；病人想多問一句，馬上會感受到醫生不耐的態度，讓你不得不把疑問吞回，帶著忐忑的心情凝視著那些藥，毫無信心的和著開水囫圇的灌下，似乎一切只有自求多福。也因為這樣的看病經驗，常讓病患對醫生失去信心，吃藥時間因而無法準時，吃藥的心情也多是無奈，對藥的效果也心存保留，如此在不經意間，病情也可能因心念的質疑而受到影響。當然，醫生如果能細心的問診，耐心的傾聽，並適時的給予安撫，對病患的心靈與健康都會有某種程度的效益，不但可以減少醫藥的浪費，也可以建立醫生與病人間的信賴與情誼，這是在服務過程中難得的附加價值，但我們卻常忽略了它。每次回鄉下，偶爾會聽到家母或鄰居的長輩們訴說看病的情形，只要是醫生問診急切，缺乏耐心或不理會

病人的問題，這些長輩們對醫生開的藥，多不當真，經常吃不到幾回，覺得病情沒有改善，就會抱怨醫生沒醫德，亂開藥，而改到其他醫院再看一次。看到這樣的情形，我得耐心的聆聽長輩們的無奈與不平，也得安撫他們，讓他們知道藥性與效果是慢慢產生，不是立即見效的。這些關懷，本應在看病時，由醫護人員主動提供，且會有更大的幫助，但因為醫生的服務態度，讓病患失去了信心，也打亂了治療的時間，這些年邁的長者在病痛之時，不但未能得到看病應有的處遇，還得接受心靈的折磨，不是一件殘忍的事嗎？常聽家母嘴裡嚷著「醫病先醫心」，我也深信醫生對病情及病人的投入，不但能有效照顧病患，更能提升醫療品質，在兼顧仁心與仁術的服務中，重建醫界專業尊嚴，就醫生及病患而言，這才是最好的良方。

許多從事電影導演的工作者，導演完成一部影片後，會自己檢視、欣賞一遍，但美國大導演希區考克（Alfred Hitchcock）卻從不看自己導演過的影片。有人問他原因為何？他說他在工作（拍片）時，就已用心感受觀眾觀賞影片的情緒，也就等於已經看過了一遍，此種用心投入的專業態度，自然會產生心靈的感應與悸動。教育部每年均委託大學辦理全國大專校院績優社團觀摩競賽活動，負責規劃的課外組同仁，不但要事先協調活動的場地、交通的安排，更要積極聯絡一百多所大專校院踴躍報名，而活動當天湧進大批的學生與社團資料，整個會場穿梭不停的人潮，讓相關承辦人員忙於接待、解說，早已汗流浹背。我觀察了許久，看到大家依舊面帶微笑，親切的招呼，便好奇的問了一位工作同仁：「**學校接受委託，增加您們額外的工作，不會覺得辛苦、不舒服嗎？**」那位同仁露出振奮的神情答以：「**我們藉由活動**

規劃的各項會議，激盪出許多的創意，增進同仁間的了解，拉近彼此的距離，建立團隊工作的默契，在辦公室上班，充滿著溫馨氣氛，有家的感覺。而且能為全國大專校院服務，看到大家參與的盛況，像辦喜事般的熱鬧與激情，一點都不覺得勞累。」看到承辦同仁熱情洋溢的描述，感佩之情油然生起，原本是額外的工作，經由這些同仁以學習的態度、分享的心情、服務的情操，在相互惕勵中樂在工作，展現生命的熱情與價值。我也曾看過這樣的報導：卡內基有一次辦理亞太地區會議，一位祕書小姐編訂一百多本手冊，單調乏味又費時，有人問她不會覺得無聊嗎？她說：「我一邊做，一邊可以想像大家開會討論熱烈的盛況，而且每個人都用我編的手冊記錄重點，我感覺也身在其中，有一份參與的滿足及喜悅。」由於祕書小姐的積極轉念，才能全心投入，發揮高度的敬業精神，把單調且機械化的工作賦予正面有意義的價值。在我們周遭生活中，類似的工作不勝枚舉，但長久以來，我們可能流於朝九晚五的僵化工作模式，封鎖自己的心靈，不願再去思索工作的意義與價值，也難以品味工作的樂趣，因而無法積極投入，逐漸淪為工作的機器，這是一般人的通病，也是我們的迷思與盲點，更提醒我們應適時的調整與積極的改變！

　　我參加過許多的研討會及教師研習活動，在報到處，我會仔細觀察負責報到工作同仁的表情與態度，大都會帶著微笑，以接待貴賓的心情親切的引導，並不斷的說「歡迎光臨」，那種熱絡的場面，讓人有賓至如歸的溫馨與尊重。我會和他們握手並恭敬的致謝，他們總開懷的答以：「我們應該做的！」而我也特別留意來參加研習的老師的神情，跟那些服務的老師可就有天壤之別，有些形色匆匆好似心事重重，有些緊繃著臉顯得無奈，略帶

微笑的總是少數。我心裡常感納悶，承辦活動事先要經過許多的規劃、安排，才能順利進行，這些負責的同仁增加許多額外的工作，還能微笑以待，而來參加研習的老師，兩袖清風，無須任何的付出，就能坐享其成，卻沒有喜悅與歡笑，這樣的差別，應該是心態與投入多寡的問題。這些心態與投入，對於研習的績效與氣氛都將有明顯的影響，看那些冷漠、無奈的老師，在會場上多坐在後排，很快就東倒西歪。這些平日要求學生上課要專心的老師，只是換個角色，當個幾小時的聆聽者，就已原形畢露，如何能在研習中成長？如何能學以致用？又如何能坦然的面對自己的學生？

我們常說教育是一種藝術。面對藝術家化腐朽為神奇，讓藝術創作栩栩如生，老師是否也能以教育家自許，把「導正偏差走向正途」、「教化魯鈍轉為用才」視為一項教育的創作？環顧教育現場，來自不同家庭的孩子，個個與眾不同，期待著老師的適切引導與關懷，幫助他們找到人生的方向，這是教育的使命，也是社會各行各業所無法達到的價值。但當從報章媒體及教育現場發現，有部分的孩子被老師傷害、被老師放棄時，我們不禁要問：這是受過教育專業培育應有的表現嗎？當學生有行為上的問題，老師如果不能敞開胸襟，給予包容接納，又如何用教育愛感化孩子？孩子學不會的時候，老師如果無法耐心等待與教導，又如何展露敬業精神？面對家長管教孩子的問題，老師如果不能主動接觸與引導，又如何涵養教育家的風範？面對功利社會的衝擊，老師的專業與敬業更顯得格外重要，當家長抱怨孩子難管、難教時，老師更應拋開成見和歧視，用專業的素養與公平的態度關懷每一位學生，尤其對那些先天不良或後天失調的孩子，更應

有「扶他一把」的慈悲精神，幫助他們也有自我充分發展與自我實踐的機會；面對社會質疑教師的教學績效時，我們更應積極投入，發揮教育的功能，培育優秀的國民，以爭取社會的認同與肯定，重建教育專業的尊嚴。由此，老師的投入，是孩子成長的良方，更是教育工作者自我實現的關鍵，我們能不好自省思、珍惜與付出嗎？

❥ 用心同理才能超越自我

　　日前在一個會議中和幾位服務於鄉下的校長閒聊，其中某位校長感嘆的說道，9月開學後，仍有幾位同學無法繳交註冊費，便詢問導師原因，導師說家庭訪問也做了，家長只是無奈地說「已經沒頭路，或是好幾個月沒領薪水」。校長利用傍晚時間親自拜訪未交學費的家庭，希望對孩子的困境能有更進一步的了解。校長告訴我，他走到同學家不遠處，看到電燈亮著，心想還好有人在家，但稍不留神，突然發現整個房子一片漆黑，以為停電了，走到門前敲了幾聲，沒人回應，又喊叫幾聲，看到孩子難為情的出來開門，校長鬆了一口氣，問孩子：「為何不開電燈？」孩子低聲的說：「剛才我們遠遠眺望，看到校長往我們家的方向走來，媽媽擔心校長來催繳註冊費，只好叫我把電燈關掉，希望校長能知難而退。」聽到孩子的心聲，難過與感傷伴隨黑暗沁入校長肺腑，再聽到家長無奈、抱歉的話語，校長點點頭，真的知難回頭了。面臨當前社會高失業率的窘境，這些繳不起學費的情形，的確讓人嘆息，這位校長還提到，每到中午吃飯時間，總有幾位孩子因為父母失業，中餐沒有著落，只好跑到戶外或躲到廁所，以免待在教室被同學問東問西，等待同學都吃完午餐，才又

一副若無其事的回到教室，這些孩子的內心是酸？是苦？是落寞？是孤獨？我們能深切的感受嗎？「看到9月28日有那麼多教師走上街頭，爭取自身權益，相對於那些失業家庭，老師們擁有的能說不多嗎？」校長感傷的表達內心的看法。教育工作者的本職在傳道、授業、解惑，但當有那麼多的老師對自身角色迷惑、對教育改革質疑，又如何能坦然為人之師？

2002年，《中央日報》全民英語專刊刊載一篇〈亞裔美籍學者聲名不彰〉（The Invisibility of Asian-American Scholars）的文章，文章中提到，亞裔美人總被認為只是「聰明」，而不是知識分子，我們可以成為優秀的工程師、科學家和醫生，但卻盡量避免參與公眾事務，認為會犯口舌之罪，或是怕有失身分。看了這篇文章，相較於老師的遊行，內心有許多的感慨。千頭萬緒的教育改革正如火如荼的開啟，它需要老師們靜下心來好好消化，才能有所領悟；也需要老師們勇敢的站出來，進行一連串的理性對話，才能釐清埋藏在深層的模糊與迷思；更需要老師們勇敢的摒除過去部分不合適的觀念與作為，重新建立一套合適的價值體系與規範。但捫心自問，有多少老師真的付出行動了呢？國內詩人余光中先生說過：「時代愈是荒謬，愈需要正面的價值；現實愈是混亂，愈需要清晰的聲音。」當老師們承受著教育改革的壓力，感嘆於當前經濟的衰退，無奈於社會風氣的敗壞，是否平心靜氣的思索，我們何曾為這社會的病狀挺身提出建言？對教育改革又做了些什麼樣的付出與貢獻？回想1999年參加浩然基金會在美國舉辦的浩然研習營，當時任教於哈佛大學的杜維明教授幫我們上了一課，主要的內容就是討論公眾知識分子（public intellectual），杜教授提醒我們，公眾知識分子就是在自己專業領

域有所努力與表現外，還要能關心、投入於政治活動以外的社會改造運動，這是我們社會所缺乏，也是我們社會進步所迫切需要的重要力量。如果老師們能多一份同理，自然會發現已經擁有了許多而能自我珍惜；也較能共體時艱，為突破教育改革的困境而發出清晰的聲音；更能感受到那些失業家庭孩子心中的無奈，而給予適時的關懷與支持，並為多元紛亂的社會找到正面的價值。德國大文豪歌德（J. W. von Goethe）先生也曾說：「當一個人發現有人與他一般痛苦，而痛苦甚於他時，他的痛苦就會變得容易忍受。」我也深信，人生中所有的苦樂都是相對而非絕對的，因此，遇到不快樂、不如意時，不妨多一點觀察、多一點省思、多一點感恩，就能多一點的同理，多一點的轉化，進而超越自我，邁向更高的人生意境。

在我們的教育過程中，同理心的培養一直都被認為是很重要的課題，但能善用同理心的老師其實不太普遍，更別說要培養孩子表現同理心的能力。蔣揚仁欽在《自己的路，勇敢的走》一書中提到西藏人的同理心，他說一批西藏人到麵店吃麵，如果大部分的人都點陽春麵，其他一兩位即使想吃牛肉麵，也會替老闆設想，不要因為要煮牛肉麵而刷洗鍋子，因而改變主意，跟大家一起吃陽春麵。這個看似微不足道的觀念與作法，卻蘊涵著關懷、體諒與為別人設想的重要美德，能在生活中落實同理心的精神，自然營造出人與人之間互諒、互信與互助的溫馨情誼，並藉由同理的實踐，克制自己的欲望，去除個人本位的迷思，提升自己的情操與涵養。現在的社會，幾乎每個人都認為自己是最重要的，對別人的感受毫不在意，人與人之間的相處缺乏同理的潤滑劑，常常因為一點小事而爭執摩擦。大家都在這樣的氣氛中相互影

響，整個社會和國家的風氣就愈來愈暴力，人的價值觀也因而愈來愈扭曲。

同理心既是如此重要，有什麼樣的方法與策略，可以培養孩子具備同理心的能力，讓孩子們在相互同理中，表現出尊重、包容的人文情懷？內人星期二傍晚要陪小女到音樂班練鋼琴，晚餐只好到外面打游擊。小女喜歡吃咖哩飯，有一回，我把西藏人吃麵的情形告訴她，她竟若有所悟地說：「爸爸，下次，我們可不可以改吃海鮮羹麵？」我問她為什麼？她說：「如果只到咖哩飯店，其他店的生意就會不好，老闆賺不到錢，一定會很著急，如果因為這樣而關閉，以後我們就沒有選擇的機會了。」稚嫩的孩子，毫不猶疑的展現純真的特質，學到的是健全人格所需之重要成分。孩子可以，作為老師的，又有什麼不可呢？

∽ 結語──世間最珍貴的就在「當下」

我曾在上課時和同學們討論「世間最珍貴的是什麼？」有許多同學表示「得不到」或「已失去的」。這些意見或許也是一般人共同的心聲。人們總是不斷的追求那些得不到的，得到之後，卻又常覺得不怎麼樣，無法好好珍惜。從實際生活觀察，可以發現多少青年朋友，為了追求異性朋友，忍受多少的拒絕與爭執，嘗盡多少酸甜苦辣，一旦如願以償，那份熱情、渴望、疼惜似乎並未因而增長，反倒會在無須努力中很快地消逝。得到了，似乎也是另外一種失去，因為我們沒有真正體會什麼是最珍貴的。得不到的，是一種因緣，隨緣才能自在，就如同電影《心靈捕手》影片所描述的：「如果你很愛很愛某樣東西，就讓他自由吧！如

果他不回來！那表示他並不屬於你……如果他回來了！要永遠愛他……跟著因緣走！」目前，師資培育供過於求，有多少的實習教師焦慮的祈禱，希望能在激烈競爭中脫穎而出，那份對教育工作的期待與熱切，正是灌溉教育園地所最需要的養料，但又有多少老師能擇「善」而固執？那份為人師的使命、熱情與期待，伴隨著時間的流逝，又還保有多少？在和同學們分享求學的經歷時，常發現許多同學對前一個階段的求學生活流露出無限的懷念，甚至後悔以前沒有好好努力，沒有好好珍惜。同學們也常感嘆，「如果再讓我回到過去，會如何如何……」失去的，再也無法回頭的，似乎總是讓人眷戀，這是通病，是我們的迷思！過去的已成歷史，值得我們引為警惕，但不應眷戀而成為生命的絆腳石；未來難以預知，無須過度揣測，只要盡心盡力，把「當下」視為最好的禮物，就能享受擁有的一切。

莎士比亞（W. Shakespeare）說過：「事情本無好壞之分，是思想製造了好壞之分。」其所指之思想，說穿了就是我們的心念，如果我們能正面轉念、用心同理，就能珍惜自我、積極投入，甚至會縮小自己，放眼社會。孟子所言：「一日之所需，百工斯為備。」不也提醒我們，世界上所有的美好，都是來自別人的努力，自己的重要性只占百分之一，但我們卻把這百分之一視為最重要，而忽略了別人百分之九十九的貢獻，如此自我膨脹、個人本位，無怪乎有愈來愈多的人感到痛苦。網路上曾經流傳一篇文章，描述西雅圖有個很特殊的魚市場叫作派克市場（Park Place Market），它不同於一般魚市場埋頭苦幹的沉默與沉重，那裡特殊的賣魚及批發處理魚貨的方式，創造了一種像遊戲般的工作方式，不但娛樂自己，也娛樂客人。在那裡，看不到臉色沉

重的人，他們總像面帶笑容、合作無間的棒球隊，大家身手不凡，讓冰凍的魚像棒球一樣在空中飛來飛去的傳遞，大家互相唱和：「啊，五條鱈魚飛往明尼蘇達去了！」「八隻螃蟹飛去堪薩斯！」練久了，人人身手不凡，可以媲美馬戲團團員。有不少無力於提升工作士氣的主管，還跑到這裡來找魚販，問他們：「為什麼一整天在這個充滿魚腥味的地方做苦工，你們竟然可以這麼快樂？」魚販們會邀請顧客參加「接魚」遊戲。每個愁眉不展的人，進了這個魚市場，很少不笑逐顏開的離開，手中提滿了情不自禁買下的魚貨，心裡也似乎都會悟到一點哲理：「如魚得水的氣氛，要靠自己創造。即使工作本身無從選擇，並不是你理想中的謀生之道，你也總可以選擇做事的方式。工作的尊嚴和人的自尊一樣，只能在笑聲中尋獲。」是的，能使我們感覺如魚得水的快活因素，不是外在環境，而是內在的心念與態度，當有不如意時，何妨勇敢的改變……創造生命的喜悅與價值！

（本文原刊載於《師友月刊》，2003年1月，第427期，頁72-75）

生命之探2：澄心向愛行

13.

親師同心才能用愛養愛

✑ 前言──大人的一小步是孩子的一大步

　　純真是孩子的天性，迷糊也可能是孩子純真的一部分，但我們能包容孩子多少的迷糊？好奇是孩子成長的動力，好動也可能是孩子滿足好奇的一種行為，我們又能容忍孩子多少的過動？學習是孩子成長必經的道路，我們都抱以高度的期待；犯錯也是孩子學習的必經過程，我們卻常無奈的對待。在生命歷程中，我們曾經渴望自由自在地做想做的事、吃想吃的東西、讀想讀的書、玩想玩的遊戲、交想交的朋友，能痛痛快快的為自己而活，我們是那麼絞盡腦汁的想盡辦法，也曾經費盡力氣掙扎，為的只是想要擺脫那大人們眼裡期待我們成為的那個人。那曾經讓我們在心靈翻騰的歲月，讓我們魂縈夢牽的苦楚，在成長的時光隧道中忽隱忽現，直到我們做了「大人」，才能稍稍釋懷。可是，當我們在教養孩子時，卻又是那麼理所當然的把過去種種的不願與要求，一再且重複的加諸孩子的身上。這是大人們的無知，或是孩子的宿命？希臘神話中有個大盜名叫普洛克拉斯提茲（Procrustes），他經常在路邊攔截過路的行人，把人騙到家裡，百般嘲弄。他折磨人的著名方法是一張鐵床──所有被強迫躺到鐵床上的路人，如果身高比鐵床長，他就將多餘的地方鋸掉；身高如果比鐵床短，他就將之拉長。面對孩子的教育，不也像是那張恐怖的鐵床，而我們對孩子的期望與要求（或可統稱為欲望）不就像是那位大盜，孩子就像是那些路人般的受到這張鐵床的限制，被那位叫作欲望的大盜隨意的拉扯嗎？與那欲望大盜不同的是，我們可以選擇修正我們的期待，盡量避免像那位大盜，讓我們的孩子可以成為那張床的主人。只是有多少人能抗拒世俗眼光

的束縛，放下一層層的枷鎖，鼓勵孩子勇敢的做自己，並依照自己的想法走自己的人生道路呢？

　　在日常工作中，遇到棘手或不易解決的問題，我們常用「瓶頸」一詞予以形容。仔細思索，不難發現所有的「瓶頸」都是在瓶子的上方，且最接近瓶口的位置，它象徵著重要的關卡，如果無法突破，問題不但難以解決，且會因為無法暢通，衍生許多擠壓與衝擊的混亂。同樣的，面對孩子成長的教育，也存在許許多多的瓶頸，可能來自於教育工作者專業的迷思，也可能來自於家庭父母傳統經驗上的盲點，在不經意間，不斷的複製與傳承，形成牢不可破的「偏見」。我們都渴望孩子快樂成長，渴望孩子學習做人做事的道理，我們竭盡心力的把自認為最好的給了孩子，可是為什麼有那麼多的孩子生活在無奈當中，孤寂的失去了純真，也失去了童年應有的歡笑？太空人阿姆斯壯在完成登陸月球的壯舉時說道：「我的一小步，是人類的一大步。」的確，科技的昌明，讓我們有機會征服外太空，這項史無前例的創舉，就在跨上月球的那小小步伐中，開啟人類科技的新紀元，帶給人類無限的可能。隨著科技的創新，人類不斷往前邁進，但面對孩子教育的瓶頸，我們是否也願意感同身受的放棄偏見，放下無謂的焦慮，放心的讓孩子秉持純真的天性，在安全且優質的環境中開展自己。果能如此，大人們的這一小步，將會是孩子邁向人生大道的一大步。莎士比亞曾經說過：「不要以為一個人既然做不到所有要做的事，就不去做自己能做的事。」面對孩子的學習，大人們必須有更多的反思，才能跨出改變孩子命運的小小步伐，讓孩子在自己的軌道上，不斷的自我發展。

親師同心才能用愛養愛

❧ 我們真能培養出有愛的孩子嗎？

常聽老師感嘆現代的孩子不懂得感恩，父母則抱怨孩子不知珍惜。似乎，大人們對孩子付出的愈多，期望愈高，失望則相對的愈來愈大。老師難為，父母也難為，幾乎成為現代親師共通的無奈。根據《天下雜誌》2003年教育特刊報導，老師過去擔任孩子一生最重要的「人師」角色，似乎逐漸式微。在科技文明、資訊發達的大環境中，學生可以在網路上查到許多資訊，輕易的挑戰老師，老師不僅成為專業上的弱勢，也是權力上的弱勢。在《天下雜誌》的調查中也顯示，教導孩子品格最大的困境，來自於「電視媒體的不良示範」，以及「社會亂象干擾」。「多元」是現代社會的特色，但在尊重多元價值的脈絡中，我們更應積極的建構「核心」的價值，才不致在多元中迷失教育的方向與本質，也才能重新樹立教育專業的權威與尊嚴。德國大文豪歌德在《少年維特的煩惱》一書中提到：「在這世界上，只有愛可以讓一個人成為無可取代存在的價值。」簡短字句，隱含了重要的意義與精神，對老師及父母更有暮鼓晨鐘的警醒功能。金樹人翻譯的《教室裡的春天》一書中有一段話是這樣說的：「對於來自惡質生活背景的學生，學校可能是唯一可以找到有人真誠的關心他們的地方。」只要老師展現熱忱，願意主動伸出手、露個微笑，就可能開啟孩子心靈，讓孩子感受溫馨，感覺幸福，感受無限的希望！如果學校老師缺乏愛學生的能力，無法同理孩子、感動孩子，那善於運用各種方法教孩子知識的補習班老師，很快的就會取代學校老師的地位與角色；同樣的，父母如果缺乏教養孩子的正確知識與方法，無法讓孩子感受到父母的愛，親子間的關係便

容易淪為物質與金錢的關係，一旦親子間失去親情的連結與潤滑，父母的角色與功能也很快被取代。師生或親子間，是一種關係的存在與連結，象徵著彼此間應有的互動與關懷，但「關係」不一定會給我們帶來愛，重要的是要把愛帶到「關係」裡面，才能彰顯其中的意義與價值。當前整體社會大環境，可能存在著許多不利孩子成長的因子，對純淨的校園形成莫大的衝擊，也給老師某種程度的壓力。但從專業的角度而言，這些不利的情境，不也正是彰顯教育專業價值及提升專業水準的契機嗎？只要我們積極的釐清問題的根源，運用專業的方法，結合家庭與社區的資源與力量，協助孩子身心健全發展，當能重新建構教育專業的信譽與尊嚴。

愛孩子是父母的天性，但多數的父母在成長過程中，缺乏教育專業的薰陶，對於孩子的身心發展與需求，難有完整的認知與了解，以致孩子的教養，易流於物質的滿足及成績的要求。因而，父母想盡辦法給了孩子豐富的物質生活，讓孩子在物質無憂的環境中長大，但卻沒有給孩子心靈成長的養料，致使孩子的心靈生活顯得貧乏；同樣的，為了孩子的成績與升學，父母也提供孩子學習各種科技新知和升學常識的機會，以致僵化的學習和冷酷的知識，讓孩子的生活變得緊湊與枯燥，但卻甚少教導孩子對周遭人事物的觀察與關懷，致使孩子無法對弱勢及苦難者表達一份慈悲與憐憫。環顧生活現場，豐富的物質生活使孩子學會了浪費、奢侈，不知珍惜的習性，也使得孩子把父母辛勞提供的生活物資，視為理所當然，但孩子卻感受不到那些付不起營養午餐的貧困人家生活的窘困和需要。在緊湊的學習中，或許孩子學到許多新的科技知識和生活常識，但卻因為缺乏精神生活的陶冶，心

親師同心才能用愛養愛

靈變得空虛，生活更是乏味。父母為孩子所提供的一切，真是無微不至，但這真的是愛嗎？

愛孩子也是教育工作者的天職，但有多少的老師能用語言轉化老師的愛，自然且親切的告訴孩子「老師愛你」。國外學者利奧‧巴士卡力認為接觸是愛最有力的表現，它可以打破人們之間的藩籬，把彼此緊緊連結在一起，也可以治癒肉體，溫暖心房，但在教育現場又有多少老師能用肢體互動感動孩子？當看到相關調查報告，顯示國民中小學依舊存在各式各樣的體罰，不禁令人擔憂與感傷。許多研究已證實「體罰無用」，它只會讓學生知道「什麼不能做」，卻沒學會「什麼可以做」，以上課講話為例，體罰只會讓學生知道「上課不能講話」，但卻未學到「上課時想發言、想講話該怎麼辦」，以致學生許多寶貴的意見與聲音逐漸隱藏在體罰的陰影中。我常思索，教育的價值應是積極引導孩子正向的行為與正確的認知，老師如果把時間用在無謂的管教，甚至傷害學生的體罰，何不把那些時間用來研究如何輔導孩子，幫助孩子解決問題？而黃炳煌也認為，傳統文化「不打不成器」、「棒下出孝子」的偏執，卻未認真思索孩子是人不是器（李名揚，2004），既然是人，而且是身心未成熟的人，更應用專業的方式予以耐心的教導，才能符合教育倫理的基本要求。

常言道：「以愛心培育出愛，以憎恨培育出恨。」當我們依舊把打罵作為管教孩子的手段時，我們是否想過那些被體罰的孩子，到底有幾人真如我們所期待地成功的找到人生的定位與方向？如果他們成功了，又有多少是來自於體罰的幫助？從許多青少年的暴力事件，我們不也發現那些孩子只不過是複製著成長

經驗中各種曾經加諸在他們身上的體罰方式而已。當我們批評孩子在暴力事件中的冷酷與凶狠時，是否能試著體會隱藏在孩子心中的傷痛？從許多的研究告訴我們，任意的使用體罰，不但會損傷一個孩子天性中最美好的一面——「信任感」，也會混淆孩子的是非觀念，不易培養正直、勇敢的品格。因此，當我們發現一批批純真的孩子變得沉悶，連說話的意願都快消失時，我們是否願意放棄傳統體罰的迷思？對成長中的孩子，最重要且最需要的絕對不是金錢，也不是物質，而是來自於親子、師生、同儕間的愛！桑頓·威爾德（Thomton Wilder）曾說：「在生死兩岸，愛是中間的橋梁……愛是唯一的生機，愛是唯一的意義。在樂土與天堂中，只有愛能連起生、死，使人生一切有了意義和價值。」同樣的，面對孩子，愛也是搭起彼此心靈溝通的重要管道。父母、老師對孩子的愛，本是一件自然而然的事，那是不掩飾不矯情的愛，就如小孩子不會捏造或隱瞞自己的感受一樣，一切自自然然地。真正完全地愛一個孩子，必須愛孩子的本身，而非孩子的長相與條件。當對孩子有愛，會讓我們勇敢的捨棄自身的偏見，破除自我的盲點與限制，真心的體諒、陪伴，進而開啟孩子的心靈。

∽ 我們真能感動孩子嗎？

在變遷的社會中，教育如要能維持專業的品質與水準，其中的理念、方法、設施等必須有所因應與調整。尤其是從事教育工作的老師們，更應在變遷中找到教育的定位與方向，建立明確的教育信念並堅持教育的基本價值，才能在忙碌中全心投入，在紛亂中自我肯定。面對社會大眾以成績、升學作為論斷孩子學習成

就的迷思，我們如何從專業上引導家長建立「行行出狀元」的觀念，並清楚的鼓勵孩子像五個手指頭各自有定位與價值？面對社會大眾抱怨孩子不懂得感恩、不夠貼心，我們又能用什麼方法啟迪孩子？從人存在的意義與價值而言，一個人如能藉由教育發現自己，並且勇敢的成為自己，那將是生命中所能達到最了不起的成就。身為教育工作者能否思索，如何透過專業的力量，開啟孩子知識以外的另一扇窗？

在知識爆炸的時代，知識是無窮盡的，我們無法滿足孩子知識的需求，但如果能讓孩子經過教育的洗禮，變得懂事、感恩，並願意對周遭環境關懷與付出，這將是多麼美妙的事。因此，我認為應把教學回歸到教育的原點，就是「教人」。教人與教書最大的不同在於教育的主體性。以教人為著眼點，孩子是受教的主體，任何的教育措施、教學方法都應以孩子的身心發展需求為前提；如以教書為著眼點，施教者常從自己的經驗及上對下的立場看待受教者的學習，強調的是客觀的知識（教材），忽略受教者的個別差異與不同需求，教學過程淪於窄化且單一的教書而已。身為教育工作者如何秉持教育專業實踐「教人」的價值？實乃當前至為重要的課題。以我個人的經驗，在開學前，主動向學校索取學生選課名單，並先記住每位孩子的名字，要求自己在第一次上課時，能自然的叫出每位孩子的名字。這看來不起眼的一件小事，卻帶給我和孩子們許多的感動與互動。記得，上學期，帶了兩班大一的孩子，當我進到教室，便隨口叫出一位孩子的名字，全班突然發出「哇」的聲音，我回以：「發生什麼事？」孩子們異口同聲的說：「老師，怎麼那麼湊巧，教到您的親戚？」我說：「何以見得他是我的親戚？」孩子們答以：「因為老師知道他的名

字。」我說：「**如果這樣就是我的親戚，全班都會是我的親戚。**」孩子們堅決的說：「不可能！」我邊笑邊走邊依序叫出每位孩子的名字，每當我叫到一位孩子的名字，大家也都「哇」的一聲，眼神都掃射到我的身上，期待著我叫到他們的名字。就這樣，從編號第一位孩子背到第四十三位孩子，剛好繞了教室一圈，回到講台上，霎時，全班靜悄悄的，四十幾對眼睛炯炯有神的望著我，我可以感受到孩子們的驚訝與好奇，在彼此的心靈間傳遞著莫名的感動。正當我要開始和孩子們對話的同時，坐在最後一排的一位女同學站了起來往前走，我直覺的反應，她可能想上廁所，就告訴她：「廁所在教室外的走廊轉角，自己走出去，慢慢來，沒關係。」這位孩子一直往我的面前走來，心想可能我說的話太小聲，她沒聽到，又加了一個手勢，提醒她直接出去上廁所就可以了。出乎意料的，孩子竟然走到我的面前緊緊的擁抱著我並告訴我：「老師，希望您能堅持下去，我們從小學到高中畢業，從來沒有一位老師在第一節課就把全班同學的名字記起來，您讓我們感動。」全班同學被這突如其來的動作震懾了，幾秒鐘的寧靜，接下來是滿堂的掌聲。我感受到孩子純真情感的自然流露，也體會到孩子澎湃的心聲。作為一個老師，心中湧起無上的價值，告訴自己這就是教人，也提醒自己要承擔更大的教育責任，把這批來自不同家庭的孩子當作自己的孩子。這位孩子接著說：「老師，您也讓我們的幻想破滅了。當我們考上大學時，學姊告訴我們，準備玩四年。多數老師無法記住學生的名字，愛上課就去，不想上就不去，沒人會注意你。沒想到，老師在第一節課，就把同學的名字記起來，看樣子，以後，我們要乖乖的來上老師的課了。」

親師同心才能用愛養愛

經過這另類的第一節課，班上的氣氛愈來愈溫馨，先到教室的孩子，會主動幫忙整理環境，有事請假的孩子，會有小組同學整理學習檔案供他分享，教室不僅是學習的場所，也是孩子分享經驗與智慧的舞台，更是連結每位孩子心靈的家。一個月後，孩子們提議想要認養孤兒，我驚訝的問：「為什麼有這樣的想法？」孩子們回以：「老師，我們在您身上看到，只有關懷才有感動，只有付出才有價值。全班認養一個孤兒，每人每個月只需捐出四十幾塊錢就可以。」的確，每個月省下少數的零用錢，就可以傳遞人與人之間的愛心與情意，其實不難，可是要孩子們主動且心甘情願的做，在這功利瀰漫的社會似乎變得稀奇！我提醒孩子們，對孤兒院的孩子，金錢固然重要，但一定有比金錢更重要的東西，會是什麼？孩子們一陣討論後告訴我：「老師，我們全班要分成六個小組，每一小組輪流寄卡片給認養的孤兒，鼓勵他，雖然沒有家，沒有父母，但有一群大哥哥、大姊姊默默的支持他、祝福他，希望他勇敢的長大。」這些孩子，是我們大人眼中的草莓族，也是被社會批判的物質享樂主義者，但隱藏他們內心深處的純真與善良，卻依舊如此的高尚與豐富，毫不輸給自以為成熟的大人們。

∽ 我們真能搭建親子的橋梁嗎？

在多元價值社會的衝擊中，傳統家庭的結構與功能，正不斷的瓦解。家庭問題所衍生的孩子問題，帶給學校及老師額外的負擔與壓力。面對部分調皮搗蛋的孩子，老師常感嘆：「**父母不負責任，不好好教孩子；孩子不用心，不好好學習。**」老師的心聲，蘊含多少的無奈與無力，但抱怨只會讓自己情緒更加沉重，

讓周遭環境更加被籠罩在哀怨的陰霾中。在上課時，我和孩子們討論上述老師的心聲，並試著用對話釐清其中的迷思。我問孩子：「手錶故障了，會如何處理？」孩子答以：「拿到鐘錶店修理。」又問：「為什麼拿到鐘錶店修理？」答以：「他們是專業。」再問：「如果，鐘錶店老闆收了你的錢，三天後手錶又壞了，心裡的感覺會如何？如果你拿回去，老闆說：是你的手錶品質不好、你自己沒有照顧好，感覺又會是如何？」孩子說：「會批評老闆沒水準、不專業、沒有敬業精神！」是的，我們都知道生活上的器具故障了，要送請專門的師父修理，因為我們相信「專家」。同樣的，就教育專業而言，修過教育學分的人，除了中小學老師，絕大多數的父母不是教育孩子的專家。但父母卻相信老師是教育專家，把孩子送到學校，由教育專家教導，但老師面對孩子的問題，卻抱怨家長不負責、不會教時，會不會也陷入上述鐘錶店老闆的迷思？而所有的孩子身心都尚未成熟，犯錯是必然的現象，不用心、不聽話的孩子，也可能存在許多令人憐憫的背景，身為教育專家的老師如果用責備、抱怨、無奈的態度，又如何能展現專家的專業與熱忱？

　　教育的功能就是不斷的發現問題、面對問題並解決問題，老師的價值又何嘗不是如此？任何一個家庭的問題，正是提供我們開展親職教育的契機；任何孩子的困境，更是發揮教育大愛的良機，錯失了這些機會，不也就等於放棄了老師的舞台，甚而把教育縮限在孤寂的講台上，無法融入孩子的內心，也無法建立家庭的對話機制。真正專業的老師，能把深奧的理論轉化為自己的價值體系，並自然的運用在教學活動中，不論是對孩子或是家長的引導，都應是真誠、溫馨、多元、貼切與感動的過程。我曾經看

過一個令人感動的案例，在一個班級中，有位名列前茅的孩子，因為迷戀電動玩具與網咖，上課分神，作業敷衍。在一次的期中考試中，成績一落千丈，父親看到成績單後，驚訝且氣憤的責備他不用功、貪玩、丟臉。一時，不平與失落湧上孩子的心頭，不知如何回應突如其來的棒喝，孩子被惱火了，竟本能的出口頂撞爸爸：「你只關心我的成績，都不關心我的人，你不像我的爸爸！」霎時，尷尬與緊繃的氣氛把這兩父子團團的圍住。氣不過的父親狠狠的把成績單甩在地上，孩子也滿腹委屈的咬著牙進入自己的房間。一夜難眠的父親，心裡愈想愈不舒服，第二天一早衝進孩子的臥室，準備再教訓一頓。機巧的孩子也整夜思索著頂撞爸爸可能帶來的苦頭，一大早起床後，就不動聲色的背著書包跑到學校去了。當爸爸發現孩子不在房間時，疑惑的眼神巡視了一周，發現書包、鞋子也都不見了，急忙往學校的路途追趕。

恰巧，孩子的導師在校門口站導護，看到這怒氣沖沖的父親，便上前問道：「某某先生，一大早到學校來，有特別的事嗎？看您急急忙忙的神情，發生了什麼事？願意讓我知道嗎？」「老師，您知不知道，我孩子這次考試成績退步得一塌糊塗，昨天晚上，我把他罵了一頓，他不但不知檢討，還頂撞我……」這位父親劈哩啪啦的把昨天發生的事情一股腦兒的講了一遍。只見老師頻頻點頭並輕聲說道：「某某先生，我可以體會您的心情。您辛辛苦苦賺錢供孩子讀書，孩子卻貪玩、不用功，成績退步，讓您失望了，是不是？孩子不知檢討、改過，反而理直氣壯的頂撞您，讓您覺得不受尊重，是不是？」簡短的幾句話，聽在耳裡，順在心裡，爸爸也回以：「老師，您真了解我，謝謝您！」「以我的觀察，您的孩子是聰明、機靈且有希望的孩子，相信，

生命之探2：澄心向愛行

只要能多一點鼓勵與引導，以後，一定是個有用的孩子。您方不方便到我辦公室，我們坐下來一起聊聊，一起想辦法來幫助您的寶貝。」老師真誠且懇切的引導，似乎又消退了這位父親幾許的怒意。在辦公室，老師問道：「某某先生，沒有一個孩子不希望有好的成績，孩子成績退步一定有原因。我想請問您：您認為孩子成績退步，誰應該負責任？」老師此話一出，爸爸毫不遲疑的回道：「讀書是孩子自己的事，讀不好、成績退步，叫他自己負責任！」老師點頭回以：「我認為您說對了一點點。的確，讀書是孩子的本分，但孩子畢竟還沒定性，需要我們更多的提醒與等待。作為孩子的老師，我覺得孩子成績退步，我要負最大的責任，我沒有教好您的孩子。」這段話是那麼的平實，卻鏗鏘有力一字一字的烙印在這位父親的心坎。頓時，這位爸爸不好意思的把頭低下來，老師趁勢問道：「您覺得，孩子成績退步，做家長的，需不需要也負一點點的責任？」爸爸猛抬頭並帶著愧疚的眼神說道：「孩子成績退步，我覺得，我這個爸爸要負最大的責任。因為，我從來沒有教過孩子，沒陪過孩子讀書，也沒用心聽過孩子的心聲，總是要求孩子把書讀好，經常嘮叨孩子。我同意老師說的，孩子是聰明且有希望的。請老師幫我轉達，我要向孩子道歉。」

　　簡短幾分鐘、簡短的話語，卻融化了這位父親複雜且翻騰的心靈。這是專業，更是老師深厚人文素養的表現。當天放學，孩子回到距離家門一小段的路程，便看到父親舉起平日做粗活的右手，手掌頻頻上下點手召喚著並趨前摸著孩子的頭歉意的說：「今天上學好玩嗎？爸爸昨天誤會你，對你太凶，讓你受委屈了，還生爸爸的氣嗎？爸爸向你道歉。爸爸以前都沒有好好看

著你，陪著你，從今天開始，爸爸下班一定會好好聽聽你在學校發生的事情，你願意和爸爸分享嗎？老師說你是聰明且靈巧的孩子，爸爸也相信，只要你好好用功，一定會進步的。你願意原諒爸爸昨天對你的錯怪嗎？」孩子依偎在爸爸的胸前，眼淚潸潸落下：「爸爸，都是我不好，我迷戀電動，瞞著您上網咖，您白天那麼辛苦的工作，我卻貪玩，沒有好好用功，讓您失望了。我不知檢討，昨天還頂撞您，我錯了，希望爸爸再給我一次機會，從今天起，我一定會專心上課，主動把功課請爸爸檢查，並和爸爸分享學到了什麼……」爸爸輕柔的拍著孩子的肩膀，給孩子加油打氣。這兩父子間的誤會與不平，就在親情的潤滑中，轉化為彼此信賴與努力的力量。誰說家長不負責任，誰說孩子不懂事，只要用心、用專業，每一個親子間的問題，都將是搭建溝通橋梁的重要機會，也都是改變親子命運的重要時刻，身為教育工作者的老師們，我們當引以為榮，積極關懷，或是把它當作麻煩事，想盡辦法推託與放棄，在在考驗著老師專業的涵養與敬業的態度。世上沒有完美之人，也正因存在著「不完美」，益增彰顯教育之意義與價值；也提醒我們應正向審視「不完美」的重要意涵，進而接納不完美的自我，若此，因為我們已接受有不完美的自我，才有能力接受有缺點的別人，並在愛的付出與交流中不再恐懼受到傷害；也因為我們不再自以為是，才有能力以比較人性的眼光來看所有的事。老師是專業的工作者，依舊有某種程度的盲點與困境；家長不是教育專業，更有許多傳統包袱的迷思；孩子是不成熟的個體，跌跌撞撞、迷迷糊糊在所難免。這是人性，也是人生的風貌，更是教育的無限可能，唯有相互接納、彼此肯定，才能創造不完美中的圓滿，誠如我們常聽到「雖然你不完美，我還

生命之探 2：澄心向愛行

是愛你」的話，從教育專業的觀點，我們更應懇切的認為「正因為你的不完美，我更愛你」，才能更貼切的呈現教育專業的永恆意義與價值。

∽ 我們能不改變嗎？

我們都知道，燈塔是海上航行船隻的明燈，始終如一的矗立在茫茫的大海中，在風吹日曬雨打中，還要承受海浪的衝擊，忍受著孤獨，卻堅定且無私的照亮四面八方，不論是正派經營的商船或海盜船，他都不會有所褊狹，他清楚的知道，其存在的最大價值，就是希望幫助每艘船隻航向自己的旅程。我們不也常把老師比喻成燈塔嗎？果真如此，老師是否能公正無私的關懷每位孩子？是否能承擔各種教育改革的衝擊？是否能秉持教育專業並抗拒外在的誘惑，引領孩子找到人生的方向？利奧·巴士卡力在《愛·生活與學習》一書中提到：「如果從事教育，卻對教育厭倦乏味，勸你及早退出或改行，免得耽誤了孩子熱誠純真的心靈。」美國發明大王愛迪生不也說：「能把人類的熱情傳遞到下一代身上，才是無價之寶。」隨著社會的變動，教育不斷的創新，來自各界對教育的期待，的確帶給老師前所未有的衝擊，但這無可迴避的挑戰，是教育工作者人生重要的轉捩點。美國政治家威爾遜（J. Wilson）曾說：「拒絕改變等於衰退，拒絕進步的唯一場所就是墳場。」人生的困境，都是要靠自己走出來的，別人可以伸出援手，及時拉我們一把，但自己的雙腳一定要配合著抬起來、走出去。我們也知道，流螢只在飛行時才會發亮，我們的心智不也是如此嗎？當我們停頓不前，生命就可能變得晦暗。當我們害怕改變，「心」裡就變得空「白」；面對改變，我們必

須建構正確的價值，用積極的態度予以因應，才能在變易中超越與攀升。

　　教育的可貴在於無私無我的大愛，這樣的愛，好比巴貝・柯爾（Babette Cole）的童書《找回真愛》所描述的，它讓人溫暖；可以治癒所有的傷痛；可以給人力量；可以遮風避雨；會像雨後的陽光，指引新的方向。我深信老師有愛，但是否能如上所述？如果老師的愛無法傳遞關懷與感動，他就會像臭氧層的破洞，造成許多孩子的傷害。愛孩子，就需不斷的鼓勵，一句口頭禪「好極了！」「美極了！」「就是這樣！」將會帶給孩子莫大的驚奇與鼓舞！勇敢的把過去在孩子心上打「×」號的迷思根除，也清楚的把「不好」、「錯了！錯了！」……等負面的語詞在我們的腦海中刪除。只要老師願意，任何的鼓勵和讚美，都可能化解不需要的氣餒和酸楚。柯維（S. R. Covey）在《與成功有約》一書中寫道：「假如我們能了解，六七歲的小孩常喜歡誇大事實，就不會對他們的行為過度反應。」身為教育工作者，真能了解孩子身心發展的特質並給予應有的尊重與等待嗎？任何人在內心深處都有一份純真靈性，尤其是孩子，乍看是偏差的表象，可能不是孩子的真心，而是被扭曲的姿態，甚至是被迷惑的外表而已。我們不應再用表象論斷孩子，我們要藉由教育專業讓孩子開展內心的虔誠和純真。

　　國外學者湯聖德（R. Townsend）曾說：「我們無法開發眾人，因為那扇門是由裡面深鎖，我們必須營造一種氣氛，讓人們自我發展。」的確，每個孩子有其天性與本能，有其人生與道路，每個生命都會為自己找到出路，我們要鼓勵孩子建立信心，提供機會讓孩子培養責任，這樣長大的孩子，才不會被挫折輕

生命之探 2：澄心向愛行

易擊倒。同樣的，在我們傳統競爭與比較的文化中，我們是否想過，如果一定非競爭不可、非計較不可，我們可不可以競爭誰擁有更多的幸福，比較誰的人生擁有更多的快樂呢？美國前奧運金牌得主路易士（C. Lewis）曾說過：「當我站在跑道上，我清楚的告訴自己，今天要比昨天跑得快，明天要比今天快，我從來不看左右跑道的情形。」在升學掛帥、過度競爭的大社會中，我們是否也願意調整對孩子學習的期待，讓孩子跟自己競爭，讓孩子在學習中競爭誰比較快樂。馬友友曾對成年以後才想重新學習樂器的愛樂者說過：「學習音樂，並不是為了要與什麼人相爭相比；乃是單純地要唱出心中靈魂的歌曲。」成年人如此，孩子的學習不也更應如此嗎？當有部分的老師把孩子的成績拿來作為孩子間、班級間比較的工具時，我們是否也該停下腳步仔細思索上述馬友友的真心話？孩子，絕不是完美，但用我們的愛，可以包容缺口；孩子不是不行，是我們沒有用對方法。師生之間是一段的情緣，有許多美好的畫面，就在因緣際會的一瞬間，當它失去，很難再以同樣的形式重新回來，我們所能珍惜的唯有現在，才能繼續創造每個「現在」的未來。這樣的歷程，靠的是圓融的智慧與慈悲的愛。慈悲的愛，不是一種依戀，而是一種理性、公正且擺脫個人好惡的愛。它不是由彼此的互相凝視所組成，而是一起向外看往同一個方向。互相凝視的人，只能看見彼此的眼睛，或是對方身上的缺點；彼此一同向外看往同一個方向，將可以看到更遼闊的世界，而能彼此分享不同的觀點和想法，這樣的人生，可能依舊有缺陷，但可以用寬容的心，補足那些缺憾，讓記憶變得圓滿。我們對孩子的教育，不也應如此看往同一個方向嗎？

（本文原刊載於《師友月刊》，2004年10月，第448期，頁24-29）

✿參考書目

李名揚（2004，4月2日）。教育 是用高明手段解決問題。**聯合報**，B8
版。

生命之探 2：澄心向愛行

14.
校園人文素養之理念與實踐

∽ 壹、讓我們一起面對──
校園內外環境的失態

台灣是個島國，為求生存，長期以來，科技發展、經濟掛帥，成為政府與民間追求的方向，因而創造了世人矚目的經濟奇蹟。但整體社會也在過度追求科技與經濟成長的過程中，形成「重科技輕人文」的失衡現象，導致社會太重視「實用」，教育淪為未來謀生準備的工具，偏重技術人才的培育，忽略立身做人之品德教育，嚴重窄化教育的本質與目的（黃崑嚴，2004）。就理論層次而言，科學與人文之間沒有必然的矛盾與緊張，西方科學興起的時代，大都有人文運動的配合，才能使科學的影響更為普遍。科學知識本身是中性客觀的，只是在被普遍推廣之時，常被過分延伸，甚至被誤用，導致對人類社會產生負面的影響，並因之產生矛盾與緊張。這種對科學知識的誤用與延伸，較為嚴重的就是「工具理性」的過度膨脹與「科學主義」的無限延伸（李亦園，1996：62）。

「工具理性」是德國社會學家韋伯（Max Weber）所提出的概念。韋伯認為「理性化」包括兩方面，一方面是「價值理性」（value rationality），另一方面則是「工具理性」（instrumental rationality）。所謂「價值理性」是指一些終極價值，例如生命的意義、人生存在的目的以及生活的尊嚴等，乃人類價值所共許，對這些價值應該無條件接受，而不應該計較其效果之得失；而「工具理性」則是針對一組價值中，比較其效果之得失而決定它們的輕重取捨，或就一個、一組特定目，考慮如何才是最有效的方法或途徑以求其實現，只求其最大效果，而不問手段合理

生命之探2：澄心向愛行

與否，不問其他方面的影響，更無所謂人類終極價值的存在（李亦園，1996：63）。在現代社會中，由於「工具理性」的過度膨脹，形成功利主義盛行的嚴重迷思。就以學校教育而言，其終極價值應是以學生為主體，培養身心均衡發展的健全國民，因此，其教材、教法、評量及施教過程，均應符合學生身心發展與適應個別差異為前提，在這過程中，沒有性別、種族、宗教、能力、家庭社經背景等歧視，更不以成績作為論斷學生優劣的依據，學生永遠都是獨一無二的學習主體與生命主人。但在工具理性思維的作祟中，升學主義已然成為國內教育的巨大洪流，為滿足成人社會的升學期待，不擇手段的惡補歪風，讓孩子不知為何而讀、為誰而念？

環顧當前社會，在功利主義掛帥的趨勢中，政治的惡質、社會關係的疏離、家庭功能的瓦解、生態環境的破壞等種種病態，都一股腦地伴隨顯現，使社會的紛爭無時或已；在多元價值的衝擊中，傳統儉樸、勤勞、真誠、信用的價值也在功利瀰漫及好逸惡勞的氣息中，逐漸流失。從年輕一代的生活型態與求職訴求，可以感受當前社會急功近利的趨勢，也體會到價值的混亂與迷失。從電視或其他媒體報導，兒童受虐、攜子自殺、家庭暴力與性侵的人倫悲劇，可以發現原本是孩子心靈避風港的家，卻逐漸成為孩子心靈的創傷地；青少年飆車、集體械鬥、搶劫、擄人勒贖等缺乏人性而殘酷的社會重大治安事件，亦使人民基本安居樂業的需求都受到威脅；而校園頻傳的體罰事件、性侵害或性騷擾事件、同儕間的霸凌事件等，不也深刻的提醒我們，原屬春風化雨的園地，竟在內外環境的侵蝕中，沾染了不安與失序的因子，使得孩子的學習態度與價值觀受到嚴重的扭曲。印度詩哲泰戈爾

曾説：「我們錯讀世界，然後説世界欺騙了我們。」我們常把暫時當作永恆，把痛苦的來源當作快樂：渴求財富、權力、名聲和有苦的快樂（賴聲川、丁乃竺譯，2007：27）。的確，在功利主義的迷思中，使人淪為工具的附庸，只追求效能與效率，而忘卻本身的意義與價值；也使人的基本價值與尊嚴受到嚴重的衝擊，身為後現代社會的教育工作者，我們能不有所省思與惕厲嗎？

✂ 貳、讓我們一起分享——人文素養之基本意涵

嚴長壽在所著《御風而上》一書中提到，精緻的現代社會必須具備兩個特質，一是感恩的心，另一是人文素養（嚴長壽，2002）。而黃崑巖也認為，作為一個知識分子必須具備的素質與涵養，就是人文方面的知識與涵養；要提高社會的水準，一般人，尤其是知識分子，不管他的職業是哪一種，都應該具備深厚的人文涵養，亦常以「知識分子應該是先做文化人，再做專業人」勉勵學生（黃崑巖，2007：91）。此外，於2006年獲頒有諾貝爾人文學術獎之稱的「克魯吉獎」的余英時先生，有人問他，隨著中國崛起，很多人認為時間站在中國這一邊，他有何看法？余英時回答説：「沒那麼簡單！光是暴發戶，發了財，其他文化、一切都沒有，恐怕只有更糟糕，不一定是好事」；他表示：「學術、基本科學、人文，應該是全面的。這些東西都落後，忽然之間跑到前面，就因為你賺了幾個錢？我想不能這樣看事情」（劉屏，2006）。近年來，在諸多教育改革方案中，九年一貫課程的建立與推動，可説是影響基礎教育至為重大且深遠的措施，其中又以「人文精神」納入實質教育內容的改革精神核心，最受

生命之探 2：澄心向愛行

矚目。其基本理念特別強調「人文的涵養」、基本內涵提到「人本情懷」；在「藝術與人文」領域中，亦特別指明，跨世紀教育改革的精神，在於重視人的生命自身，並以生活為中心，建立人我之間與環境之諧和發展，此正是均衡科技文明與藝術人文的全面、多元及統整的肇始；所謂「藝術與人文」係指「藝術學習與人文素養，是經由藝術陶冶、涵育人文素養的藝術學習課程」。進而能建立學生基本藝文素養，傳承與創新藝術，培養文明且有素養的國民，重視並發展值得尊敬的文明。人文精神、人文素養，已是教育現場的常用語詞，但其真正的意涵究係何指？

在古代，孔子認為人文素養包括詩教、樂教、書教、禮教、易教、春秋教，這些人文素養，代表我們體認了一個生命的全貌（傅佩榮，2005：174）。而人文之美就是文質彬彬，質是人天生的本質，其中有各種潛能，也產生各種情感；文是透過後天教化，使質有適當的表現方式。文質配合之後，人就孕生一種美感，這種美感會在他的行為及言語上表現出來（傅佩榮，2005：277）。呂燕卿則認為，人文精神和人文素養是一體的兩面，人文精神的落實與實踐即為人文素養；兩者之終極目的，乃為落實人性尊嚴的一種信念，其學習態度是積極且持續追求信念及責任，並涵養開放、寬容、謙卑、仁慈的胸襟，展現對生命的關懷與尊敬（呂燕卿，2001：262）。龍應台則以王陽明的語言來解釋人文素養與人文知識之差異，曾有學生問王陽明為什麼許多人知道孝悌的道理，卻做出邪惡的事情，王陽明說：「此已被私欲隔斷，不是知行的本體了。未有知而不行者；知而不行，只是未知。」龍應台認為，王陽明所指知而不行的「未知」就是「知識」的層次，而素養就是「知行的本體」。龍應台即以王陽明用來解釋

「知行的本體」的四個字表達其對「人文素養」的認識，亦即真誠惻怛，亦可謂「知行合一」。她亦認為知識是外在於個人的東西，是材料、是工具、是可以量化的知道；必須讓知識進入人的認知本體，滲透到個人的生活與行為，才能稱之為素養；人文素養是在涉獵了文、史、哲學之後，更進一步認識到，這些人文知識與素養都有一個終極的價值，就是對「人」的關懷，脫離了對「人」的關懷，至多只有人文知識，不能被認為有人文素養。此外，龍應台特別以毛澤東會寫迷人的詩詞、納粹頭子很多會彈鋼琴甚至有哲學博士學位為例，進一步釐清「素養」和「知識」的差別（龍應台，1999a）。朱敬一在〈教育不是為造就專家而是為培養公民〉一文中也提到，許多人都把教養窄化為待人接物的輕聲細語，強調謙沖敬謹的儀態；但那只是教養的外顯特質，社會上其實存有一肚子歪點子、卻能輕聲細語談話的大壞蛋，但我們不會說他們有教養（有人文素養）（朱敬一，2008）！

綜上所述，人文素養是個人內在思維、認知、價值、態度、行為與人格的總和，以自主的、寬容的、負責的、信賴的態度，在人與自己、人與人、人與周遭環境、人與自然間互相包容、互相尊重、互相扶持，進而提升人性尊嚴、謀求人類幸福並促進生態正向發展與平衡。只有具備人文素養的人，才能主動自在的做所該做並展現有所為與有所不為的風骨；實踐人飢己飢、人溺己溺的慈悲情操；落實己所不欲勿施於人、己立立人的達觀胸襟；涵養民胞物與、與自然共存的天人合一的胸懷。於此，筆者認為人文素養具備八項特質：(1) 兼顧內在涵養與外在良善行為；(2) 兼顧價值理性與真誠感性；(3) 兼顧個人、他人及周遭環境；(4) 兼顧道理與禮節；(5) 兼顧私德與公德；(6) 兼顧教養與敬業；(7)

兼顧自主與自在；(8) 心中常有別人並能易地而處。

❧ 參、我們一起討論——培養人文素養的良方

　　台灣大學李嗣涔校長在2007年新生訓練致詞時，特別要求新生做到「四要」、「四不」，「四不」包括不作弊、不抄襲、不蹺課、不亂停腳踏車。新生聽到最後一項時，全場哄堂大笑，更有新生說「不可思議」。平心來說，「四不」實在只是一個學生最基本的品德、教養和公德心而已。但長期以來，「台大學生表現並不理想」，尤其是最後一項「不亂停腳踏車」，更反映懶惰、自私、沒規矩等缺乏公德心的行為（邵冰如，2007）。《讀者文摘》為了解全球各城市人民禮貌狀況，以三項指標(1) 走進建築物，後面還有人，會不會多留意一點，幫後面的人拉住門？(2) 儘管只買了很少的東西，店員會不會跟顧客說謝謝？(3) 看到走在前面的人東西掉了，會不會幫忙撿起來？於2006年2、3月間，派遣祕密調查員在全球三十五個國家地區人口稠密的城市進行實地測試，整體平均結果，台北居然只拿到第二十八名，也就是倒數第八名，而所有調查城市中，最有禮貌的則是美國的紐約（中廣新聞網，2006）。已故人權鬥士柏楊在《醜陋的中國人》一書中也說到：「……台北排隊只算半截排隊，上車排隊，本來排得好好的，可是車子一到，立刻爭先恐後，跳上去先搶座位，老弱殘兵在後面跌跌撞撞，頭腫臉青。」（柏楊，1986：170）從以上的事例，不也提醒我們，當一個人沒有人文思考、人文素養的時候，他就可能淪為追求知識的工具、生活競爭的奴隸，重外在形式而忽略內在價值，把外在表象視為終極目標，在乎的只是可量化的成績、自我的方便、社會的名器與利益，欠缺學習過程的

體會、學習成效的深化與昇華，也欠缺生活品質的富裕度與豐富性，無法開展人性深層的價值面與光明面。

人文素養的概念是多元且廣泛的，因而要培養一個具有人文素養的國民，必須透過各種管道加以充實，並在日常生活中逐漸生根，它不是一種口號，也不是遙不可及的論調，涵養人文素養沒有捷徑，也沒有偏方，它必須藉由縝密規劃，結合各界資源，持續推動，使個人由內化到外顯，文質兼修，展現於行為和態度，積極引發對人性與萬物生命各層面的價值思考，形塑所謂「有涵養」和「氣質高雅」的文化社會人。人文素養的培育涉及師資職前與在職培育、課程結構與內容、教材與教法、校園倫理與文化等面向。就師資培育層面，職前階段雖已規劃相關素養的課程，但能否引發深入討論、內化及實踐，從校園層出不窮的體罰事件或親師衝突案件，不免令人擔憂。而在職階段，卻又受制於趕進度的「教書」思維，人文的薰陶，幾乎蕩然不存。就課程結構與內容、教材與教法而言，人文素養必須跟隨課程的組織與教學而落實，於此，在九年一貫課程已有相關規範，但學生的學習內容是否包括藝術的知識、認知的過程及技能的培養、情意的陶冶、價值與信念的啟迪、良好習慣的養成？教師的教學是否考慮適應個別差異之教學策略、教材教法、評量方式、教具媒體及藝術資源教室？教學情境是否在公平與尊重、多元與多樣、民主與責任的真實互動過程中完成（呂燕卿，2001：265）？就校園倫理與文化而言，是否營造溫馨友善氣氛，讓孩子感受被關懷與支持，喜歡上學、勇敢表達、勇於認錯？以上事項，涉及層面至為廣泛且複雜，已引起學術與實務領域之關注與討論，因受限於篇幅，筆者不再贅述，僅從閱讀、分享、實踐（行動）等三方面提

生命之探2：澄心向愛行

出較為具體、簡單可行的方法，茲分述如下：

一、藉由閱讀豐富心靈涵養智慧

　　閱讀的效益已廣被科學驗證與肯定，教育主管當局也積極推動閱讀運動，希望藉由深耕閱讀，改變孩子偏重教科書、參考書的迷思。筆者認為閱讀的內涵似可包括四個向度：

1. 讀人：就是讀自己與讀別人，藉由自我反省並從對方的表情、眼神與動作中，了解對方的內心世界。教育工作者如能培養讀人的能力與習慣，在與孩子互動的每個當下，都可以藉由孩子的眼神、臉部表情及行為舉止，感受並體會孩子的心思與情緒，讓教師有效掌握孩子的行為表現並適時協助孩子解決問題。

2. 讀大自然：曾經兩次得到諾貝爾獎之偉大科學家居里夫人（Marie S. Curie），她認為大自然就是最好的導師，大自然孕育無限的生命，無所不覆，亦無所不載，人類如能學習大自然的規律與博大，較能涵養寬廣的胸襟與氣度，增進彼此的和諧與信賴，降低紛爭與戰爭。教育工作者如能從讀大自然的奧妙中，體會其無所不包、無所不容的偉大情懷，更能無私且寬大的接納每位孩子，帶領孩子欣賞大自然、閱讀大自然，藉此觸發孩子對生命多樣化的體認，學會尊重生命、珍惜生命。

3. 用耳朵讀（聽）：每個人的語言代表著內心世界的價值與想法，能聽到對方真正的意思，是忙碌的現代人所必須涵養的能力。教育工作者要放下身段，培養聽的能力與習慣，讓孩子的每個聲音都能被聽到與感受到，當能鼓勵孩子勇敢傾訴，促進師生彼此的交流與信賴。

4. 讀好書：我們常說，讀一本好書，就像跟一位名人在對話，讀一百年前的書，猶如進到一百年前的時空，對當時的文化、社會背景，會有多一份的體認與包容。教育工作者應加強閱讀，從許多書籍得到啟迪與感動，進而提升心靈的層次，增長教育的大愛。

至於閱讀的層次與意境，筆者以己身之體悟認為可包括四個層次與意境：

1. 讀到皮毛：僅從文字表面予以粗淺的認知。

2. 讀到肉層：能理解書中大意。

3. 讀到骨頭：能進到作者的內心世界，與作者對話。

4. 讀到骨髓：經領悟、統整後融入自己的思想，豐富自己價值體系。

閱讀不是一門科目，它是生活的基石，是所有和世界接軌的人們樂此不疲的一項活動。人們閱讀的理由，應該是「樂趣」、「熱情」、「引人入勝」等字眼；要讓孩子在長大後成為與眾不同的成人——能思考、考慮他人觀點、心胸開放、擁有和他人討論偉大想法的能力，熱愛閱讀是必要的基礎（卞娜娜、陳怡君、凱恩譯，2008：71-73）。從國內的相關調查報告顯示，國人的閱讀風氣與先進國家相較，確實落後一大段的距離。孩子們需要大人陪他們一起讀書、討論，我們必須以身作則，當個好榜樣。身為教育工作者除教學領域的書籍外，加強閱讀人文、心理及勵志等方面的書籍，當可豐富教育的內涵並啟迪孩子的心靈。

二、藉由分享開拓視野增廣見聞

每個人都有不同的成長背景，也有不同的人生閱歷，藉由彼此的分享，可以開拓視野，增廣見聞；也可以藉由彼此的分享，建立互信互賴的情誼。而分享的內容可包括知識層面、情感層面、生活經驗層面；也可包括成長過程中個人成功或失敗的特殊經驗，甚至所看到、感受到其他足供學習或借鏡的經驗。分享就是一種溝通的過程，增進溝通能力，就是提升人文素養的重要關鍵。余玉照以十個字來當作量尺，用來衡量在溝通表現上，我們的人文素養到底好到什麼程度。這十把量尺就是：德（發自同理心與自制力）、禮（展現敬意、禮貌與理性的態度）、誠（指誠懇、誠信的態度）、雅（說話和態度文雅得體）、美（藉著修辭表達之美，促使人情敦厚融洽）、思（豐富思想內涵，言談的深度與廣度）、學（吸收新知識、新觀念，充實溝通內容）、格（藉由人文品味的陶冶，樹立高尚雋永的說話風格）、趣（強調風趣幽默的表達，為溝通注入更多的生命與意義）、新（戒除陳腔濫調，不落俗套，讓溝通充滿創新特質）。這十把量尺將看似抽象的「人文素養」具體地襯托出來，也可以代表「人文素養」顯現於人際溝通上時所應具備的十項基本特質（余玉照，2002）。尤其是教育工作者，面對教育現場許多的挑戰，每個問題，都是新的契機，也都是自我成長與自我超越的良機，這些寶貴的經驗，如果只存放在個人檔案或內心，就無法有效累積智慧與創新知識，如能透過對話、文字、影帶等方式進行分享，藉由彼此的交流與激盪，可以激發更多的思考與解決問題的策略，也可以藉由案例的分享，有效預防相關案件的發生。此外，藉由分享，增進溝通能力，拉近彼此的距離，形塑生命共同體的氛圍，

讓彼此有被接納的歸屬感；同時，也較能在互動過程中，易地設想，將心比心，培養深厚的同理心，建立緊密且信賴的裙帶關係，進而涵養高尚的人文素養。

三、以行動實踐人文價值

人文素養蘊含於內，代表個人的涵養，也顯示個人的氣質，但它必須顯露於生活情境中，轉化為行動，才能彰顯其意義與價值。赫伯特·史賓賽（Herbert Spencer）說過：「教育的最大目標是行動，而不是知識。」（引自黑幼龍主編，1995：19）伏爾泰（Voltaire）也說：「人生來是為行動的，就像火光總向上騰，石頭總往下落。對人來說，一無行動，也就等於他並不存在。」（引自曾小歌，2004：229）是的，說得多，不如做得好；坐而言，不如起而行。長久以來，我們的教育不也教導孩子要有禮貌、要懂得關懷、要有公德心、要有……等無數的「要」，孩子或許知道這些「要」的意涵，但卻缺乏具體的行動。面對孩子知道卻做不到的窘境，教育工作者能否自我反思，用身教引領孩子，用行動帶領另一個行動，讓孩子感受行動的力量與價值。

「兒童幫助兒童」是十二年前加拿大男孩魁格·柯柏格提出的口號。報載地處桃園縣新屋鄉偏遠的永安國中901班，在班長以「你要不要當爸爸？」等勁爆的話語激勵中，發動同學每天捐十元，捐助世界展望會，加入認養貧童愛心行列。這些孩子並非家境優渥者，有些孩子利用週休二日，前往觀光魚市的餐廳打工，再將所得捐出；有些孩子說：「其實，自己每天早餐吃不了多少錢，只要有多餘的能力幫助其他貧困的人，何樂不為？」每位學生每天捐十元，再全數交到被戲稱是「會首」的同學手上，於每

月月底匯款給世界展望會，分別用於國內外的貧困孩童（曹俊漢，2008）。這些真實的行動，是孩子把學到的知識用在關懷當中，也因為這樣的行動，讓人文的精神延伸到偏遠地區，甚至異國他鄉。孩子能做，成熟的教師是否也能一起做？嚴長壽在《御風而上》一書中，以海灘的小妹妹撿海星丟回大海的小故事勉勵我們：一個人的能力可能不能改變所有海星的命運，但是當我們撿起這一隻海星，將牠丟回海洋的時候，我已經改變了牠的命運（嚴長壽，2002：237）。純真善良的小妹妹一點也不氣餒的把遇見的海星一隻一隻的丟回大海，能救多少算多少，每救一隻海星就改變一隻海星的命運。這樣的關懷與行動力，不也像已故諾貝爾和平獎得主德蕾莎修女所說：「我們所做的不過是滄海一粟，然而少了它，滄海就少了一粟。」（Vardey, 1995: 115）

✂ 肆、讓我們一起努力──播下人文校園的種子

清華大學科技管理學院院長史欽泰說：「台灣有很多世界第一，我都不太敢講。」他並不以「台灣第一」為傲，因為「『台灣第一』並沒有真正表達我們的價值。我們附加價值在下降，要第一做什麼？為什麼不要做第一，可是賺的錢多一點？」（王曉玟，2008：58）同樣的，台灣學生的表現不也如此嗎？這幾年教育部最常宣傳的，由經濟合作暨發展組織（OECD）舉辦的「學生基礎素養國際研究計畫」（PISA），針對十五歲青少年閱讀、科學、數學能力測驗評比，台灣的數學與科學在五十幾個國家中，分別名列第一、第四（閱讀第十六），若從細項分析，台灣在形成科學議題能力排名第十七，落後芬蘭、香港、日本、韓國；在解釋科學現象上排名第三。顯示台灣孩子在解題與記憶

能力一流，但在形成新問題的能力與創意偏弱（李雪莉，2008：139-140）。再仔細思索，我們有多少的孩子在升學主義的洪流中，不知感恩、不知珍惜、不知關懷，甚至連基本的生活能力及孝親尊師的行為，都變得遙不可及，那麼，孩子第一的背後，不是更令人擔憂嗎？同樣的，台灣不一定要有五星級、七星級的旅館，三星級的民宿業者也可以提升為高價值的服務品質，所謂「高價值」，就是不再是從前你尊我卑的服務方式，而是在服務或引導的過程中，能夠感動客人，這不也就是我們所強調的人文關懷嗎（馬岳琳，2008：138）？

我們不也常說，醫生醫治病人時，若不深入了解病人生活，只是機械式的對症下藥，就像播種而不鬆動土壤，是得不到成效的。同理，教育工作者面對孩子的問題，如果只是一味的批評、抱怨、責難，又豈能融化孩子僵化、無知的心靈？每個人的生命價值判斷不同，每個人的人生方向也不同，尤其是成長中的孩子，需要更多的關懷、勉勵與支持。具備人文素養的教師會把孩子當成學習的主體、完整的「人」來看待，重視孩子的想法和感受，對孩子的過錯能設身處地的予以同理並適時適切的引導；教學過程重在協助孩子內省、對話、澄清與思辨，引導孩子建立正確的價值體系，培養獨立思考與健全的人格；強調師生互動與互信，以啟發方式代替單向灌輸，以對話代替命令，以討論代替記憶，以參與代替聽講，以分享開啟心靈，教師關心的是孩子的整體學習、全人發展，而非單一的課業成績，更不會拿某個孩子的成績跟另一個孩子相比較；秉持「真誠的心」，以孩子的發展與成長為唯一的考量，全心全意的培養孩子具備「愛」的能力與願力，給予充分的時間與空間，在各種不斷的機會中發現自我、肯

定自我、成長自我，進而願意關懷他人、尊重周遭環境，成為文質彬彬的優質國民。

　　就孩子的成長而言，一生中最重要的問題，永遠不會出現在標準測驗上。但影響孩子一輩子命運關鍵的，卻可能是孩子的人文素養與生活習慣。具備人文素養的孩子，知道做該做的事，願意在嘗試錯誤中自我超越，也會主動分享個人的想法；能主動打招呼，也會主動伸出善意的手。黃崑巖一再強調教養是難以捉摸的概念，它平常難以窺見，只有在特殊的狀況下才會呈現在別人面前，缺乏教養也會在面對狀況時才露出馬腳，讓人看到此人內涵的缺乏，似有「時窮節乃見」的情況（黃崑巖，2004）。洪蘭也認為人文在國家貧窮時，是第一個可以丟棄的東西，但在生死存亡關頭，使士兵為國捐軀的意念，卻是人文素養種下的種子，這種「有形」受著「無形」的影響，更為深遠重大（洪蘭，2008：212）。

　　在人文的校園裡，孩子是獨一無二的主體，教師能清楚並鼓勵孩子有自信的接受天生的限制並勇於改進自己的缺點；能培養獨立判斷的思考與能力，進而適時、委婉地向別人說「不」；讓孩子知道表現良好的行為，是個人基本的責任與價值，也讓孩子堅信之所以這樣做，是因為這樣做是對的、應該的，而不是因為可以獲得某種利益或害怕被懲罰。在這樣的教育情境中，師生間、同儕間有高度的信賴關係，教師面對孩子的犯錯，會用正向的思維與同理的角度，引導孩子知錯、認錯、勇於改錯；孩子的隱私，能得到完全的尊重；孩子的困難與創傷，也能被及時發現與協助。在師生互為主體的信賴過程中，師生之間是平等、尊重

的友善關係，而不是上與下的尊卑隸屬關係，因此，教師會表現出更多主動、積極、正向、友善的態度與行為，讓孩子在沒有害怕、恐懼的環境中，盡情盡興的自我開展。

德蕾莎修女終身奉獻給垂死的病患，她以個人的感悟，謙卑地勉勵我們：「一顆純潔的心會自由地給予，自由地愛，直到它受傷為止。」也說：「窮人餓了，不僅希望有一塊麵包，更希望有人愛他；窮人赤身裸體，不僅希望有人給他一塊布，更希望有人能給他作為一個人應有的尊嚴；窮人無家可歸，不僅希望有一間小屋可以棲身，而且也希望再也沒有人遺棄他，忘了他，對他漠不關心。」（引自李家同，1995：115-117）以上的字句，提醒我們在行動中須付出更多的愛與關懷，這是人文的極致展現，也是教育工作者當引為惕厲的指南。誠如有人向許哲提問：「健康快樂的祕訣是什麼？」她不變的答案就是「給」，給窮人，給需要幫助的人。但她卻表示：「我不認為自己在幫助別人，因為照顧窮人是我的責任。愛人是我的信仰，良心是我的宗教。」（宋芳綺，2004：3）身為教育工作者，若能有如此的人文氣度，當能無私且溫柔的接納、關懷每位孩子，畢竟沒有所謂的壞孩子，只有需要被愛的孩子。教育是點燈、也是播種的育人工程，在工具理性當道，功利主義瀰漫的社會，我們能否找回教育的本質，重建人性的尊嚴，有賴全體教育工作者之人文關懷與實踐，只要我們願意播下人文的種子，不久的未來，將會有千千萬萬的種子發芽茁壯，誠如馬丁·路德（Martin Luther）所說：「即使我知道明天世界毀滅，我仍願在今天種下一棵小樹。」（引自龍應台，1999b：170）的確，只要有愛，就有無限的希望；只要有行動，就有無窮的力量；只要願意，人文素養就無所不在；只要不放

棄，每個問題，都是超越的契機。

（本文原刊載於《教師天地》，第155期，2008年8月，頁20-27）

✣參考書目

中廣新聞網（2006，6月21日）。**台北人沒禮貌！禮貌排名世界倒數第八**。2008年6月1日，取自http://tw.news.yahoo.com/060620/4/39lw7.html

王曉玫（2008）。服務創新 進攻新市場。**天下雜誌，396**，55-60。

卞娜娜、陳怡君、凱恩（譯）（2008）。Rafe Esquith著。**第56號教室的奇蹟**（Teach like your hair's on fire）。台北：高寶。

朱敬一（2008，5月19日）。教育不是為造就專家 而是為培養公民。**中國時報**，A4版。

余玉照（2002，1月30日）。口德與EQ是人文素養的奇葩。**中央日報**，19版。

呂燕卿（2001）。落實人文精神在藝術領域的教學。載於歐用生、莊梅枝（主編），**邁向課程新紀元（七）──九年一貫課程學習領域研討會論文集**（頁261-280）。台北：中華民國教材研究發展學會。

宋芳綺（2004）。**106歲有愛不老**。台北：立緒文化。

李亦園（1996）。**文化與修養**。台北：幼獅文化。

李家同（1995）。**讓高牆倒下吧**。台北：聯經。

李雪莉（2008）。我不想上學 教改戰場下的百萬孩子兵。**天下雜誌，395**，132-141。

邵冰如（2007，9月14日）。台大校長：不要亂停腳踏車。**聯合晚報**，1版。

洪　蘭（2008）。人文素養的威力。**天下雜誌，391**，212。

柏　楊（1986）。**醜陋的中國人**。台北：藝文圖書。

馬岳琳（2008）。迎陸客觀光業放手一搏。**天下雜誌，396**，137-140。

曹俊漢（2008，4月11日）。日捐10元 國中生搶當小爸媽。**中國時報**，A1版。

傅佩榮（2005）。**孔子的生活智慧──真誠與圓滿**。台北：洪建全基金會。

曾小歌（2004）。**人生，沒有彩排**。台北：中經社。

黃崑巖（2004）。**黃崑巖談教養**。台北：聯經。

黃崑巖（2007）。**黃崑巖談人文素養**。台北：健行文化。

黑幼龍（主編），詹麗如（譯）（1995）。Dale Carnegie著。**卡內基溝通與人際關係**（How to win friends and influence people）。台北：龍齡。

劉　屏（2006，12月7日）。余英時：中國人的世紀？沒那麼簡單。**中國時報**，A17版。

賴聲川、丁乃竺（譯）（2007）。Matthieu Ricard 著。**快樂學──修練幸福的24堂課**（Happiness: A guide to developing life's most important skill）。台北：天下文化。

龍應台（1999a，5月15日）。**政治人的人文素養**（國立台灣大學法學院演講）。2008年6月1日，取自http://www.books.com.tw/activity/2004college/article/article_0000000007.htm

龍應台（1999b）。**百年思索**。台北：時報文化。

嚴長壽（2002）。**御風而上──嚴長壽談視野與溝通**。台北：寶瓶文化。

Vardey, L. (1995). *A simple path: Mother Teresa*. New York: Ballantine Books.

生命之探 2：澄心向愛行

15.

用正向思維為班級經營圓夢

❤ 壹、我們所認知之班級經營的意義

班級是學校組成的基本要素，更是孩子從家庭進入學校的重要樞紐。它是一個小型的社會，也是引領孩子認識未來社會、體驗大社會的重要過程。一般而言，班級組成的要素包括內在與外在二部分，內在部分包括人（教師、學生）、事（班級常規、生活公約等）、物（課桌椅、黑板、布告欄等相關設施）；外在部分則包括學校行政人員、家長會、家長等，這些外在因素，將影響班級經營與班級文化的發展，是當前班級經營必須面對的課題。有關班級經營的意義，國內外學者多有論述，因受限於篇幅，於此，不再逐一探討，僅引用吳清山綜合國內外學者說法，供大家參考並做分析。

吳清山認為班級經營乃是教師或師生遵循一定的準則，適當而有效地處理班級中的人、事、物等各項業務，以發揮教學效果，達成教育目標的歷程（吳清山、李錫津、劉緬懷、莊貞銀、盧美貴，2006：8）。從上述定義，可以歸納班級經營之重要特色有四項：(1) 班級經營須有一定準則，才能按部就班順利進行；(2) 班級經營項目，涵蓋人、事、物等內容，包括同屬負責同一班級之教師間的互動關係、師生間之關係、學生間之關係；物的方面如班級中的環境及其設備；事的方面如人與物所發生的一切活動——教學、訓導、輔導等工作；(3) 班級經營的方式，需要遵循一定的法則，而這法則是以教育的理念——個別差異與因材施教為基準；(4) 班級經營的決定，不僅由教師做決定，也要讓孩子有參與的機會，使師生可以從班級經營的過程中得到更多的分享與回饋，進而建立班級經營的最佳策略（吳清山等，2006：9）。

筆者根據班級經營之相關理論與實務及教育部訂頒之「正向管教工作計畫」、「學校訂定教師輔導與管教學生辦法注意事項」，針對上述定義，提出以下四點予以補充與強化：(1) 班級經營應以全人發展為核心，兼顧認知、情意、技能、行為改變；(2) 班級經營的主體以師生為主，但要兼顧家長、學校行政人員；(3) 班級經營的過程，應以正向、民主、公開的方式建立班級共識與文化；(4) 班級經營的資源，除班級師生、學校行政外，更要妥善結合校外相關專業人員。

∽ 貳、我們所面對之班級經營的困境

　　近十餘年來，國內升學管道與升學機會較之以往，已大有改善，但追求傳統「明星」學校的心態依舊絲毫未減，望子成龍、望女成鳳的父母，仍舊主宰著孩子的人生發展。因此，除了讀書、考試、升學，孩子的腦袋似乎再也容不下其他影響其生涯發展的相關元素，諸如多元興趣的培養、溝通能力、情緒管理、品德陶冶等。在父母錯誤的期待中，造成孩子的學習單一且貧乏，也導致孩子的價值混亂，缺乏分辨是非的能力，以致肆無顧忌的為所欲為；孩子過度依賴，無法培養獨立思考與判斷的能力；五育均衡發展淪為口號。凡此種種，孩子失去學習獨立思考與培養責任感的機會，也失去健全成長的空間。這些帶著莫名無奈與自我本位的「長不大的孩子」進到學校，進入班級，要如何才能培養其責任、謹守本分、明辨是非、感恩惜物、善解人意，對第一現場的教育工作者是嚴酷的挑戰與考驗。

　　教育改革的聲浪已把社會大眾長期對教育不滿的怨氣及對教

育期待的正氣，從潛藏的心底深深的喚起，來自四面八方夾雜著不滿與期待的旺盛民氣，蘊含著無數的無奈與希望、野性與理性、批評與建議，匯聚成教育改革的洪流，衝破了傳統窠臼，也顛覆了層層的藩籬。過去被視為「保守」、「安定」與「和諧」的班級及「穩定」與「尊重」的倫理關係，也幾乎在這股洪流中沖刷殆盡。教育基本法的施行，賦予家長教育參與權，鼓舞家長參與教育事務的意願與動力，在專業與非專業間，產生了若干的誤解與衝突，也開啟了另一個層面的對話空間與機制；傳統家庭結構的瓦解與家庭功能的式微，無形中也削弱了學校教育的功能；學生偏差行為與青少年問題已成為教師在教學之外，必須面對的重要課題（傅木龍，2005：4）。

張秀敏（2003）認為班級人數過多、教室空間擁擠、父母教養態度歧異、孩子較不順從權威、孩子問題複雜且多樣、教室事件難以預期等，均是班級經營困難的關鍵所在。在社會變遷的過程中，教師地位已受到嚴重的衝擊，傳統「尊師重道」的觀念也已式微；家庭功能的失衡，單親、隔代教養等弱勢家庭，也成為班級經營必須面對的新議題；社會上懸殊的貧富差距，部分家長受困於生計的勞頓，無暇扮演親職教育的角色，致使孩子的偏差行為無法有效預防與即時處理，而部分家長在教育改革聲浪的激盪中，參與教育事務的意識逐漸抬頭，但卻可能因為缺乏正確的教育理念，不當的干擾班級事務的運作；青少年在身心發展過程中狂飆與自我本位所衍生之種種好奇與衝動行為，均使教師在班級經營中，面對多重的糾結與困境而感受空前的壓力與疲憊。

♋ 參、我們對班級經營的迷思

從相關教育理論與實務，我們都清楚了解，孩子的學習與成長，需要師長更多耐心的等待與引導，才能鼓勵孩子在安全自主的環境中不斷練習與培養自信，並獲致成功的經驗。從當前青少年的偏差行為與學習困擾等面向觀察，過度強調智育、升學、文憑的社會風氣，已經使孩子在成長過程中，因為過多的惡性競爭，累積許多的無奈與挫折感；而在「為孩子好」的威權思想作祟中，也剝奪許多孩子練習獨立思考與判斷的機會，孩子的學習與生活，幾乎被綿密地安排與規定，一切遵照師長要求的步調與方向，無法深刻了解與探索人生所為何來？更遑論掌握自己的人生方向與探索生命的意義。

「班級經營」是師資職前教育的重要一門課，也是在職進修中常被安排的重要議題，但進到教室，班級經營所需具備的知能，已超過「班級經營」這門課所教導與討論的內涵，它包含行政、教學、學生自治、常規輔導、班級環境、班級氣氛、親師溝通、危機處理等等，它是整體教育理論與實務的統合，也是教師專門、專業與人格的融合。因此，成功且有效能的教師，除應培育孩子五育均衡發展，也應藉由教育專業素養預防並避免學生產生不良行為，更要引導學生建立良好習慣，增進學習效果。因此，要成為有效的班級經營者，必須從兩方面著手（吳清山等，2006：20-25）：(1) 了解影響班級行為的因素：影響班級行為的因素主要有個人因素和環境因素。個人因素包括學生的人格特質、學習態度、教師的人格特質、教學態度、教學行為、家長的態度、學校行政人員的態度等；至於環境的因素，主要有物理因

素、社會因素和教育因素；(2) 掌握班級經營的特性：整體性、適應性、啟發性、合作性、創新性、優先性、安全性、有機性、次級性。

　　班級經營是每位現場教師進到教室必須面對的課題。既然它是如此的重要，教師也經過職前與在職課程的培育，但身為第一線的教育工作者真能體認它的重要意涵、內容、過程與價值，並發揮其應有功能嗎？筆者從教育現場的體驗與觀察，深刻的發現，教師在班級經營中的迷思有以下幾點：

一、認知上的迷思

　　在傳統的觀念中，教師對班級經營存有某種程度的狹隘教育觀念，因而造成認知上二點的迷思：

（一）把班級經營窄化等同於班級秩序的管理

　　因此，此起彼落「安靜」、「不要講話」的斥責與吶喊聲，成為當前教室場景的一大迷思，也因而浪費孩子許多學習的時間。公共電視《紀錄觀點》節目，於2007年10月19日晚上推出第十一部教改系列紀錄片《紐西蘭尋羊記》，記錄兩位台灣實習教師造訪紐西蘭Takapuna Grammar School的過程。在影片中，看到紐西蘭教師Phil在課堂上引導孩子思辨，鼓勵充分討論學習；而影片對照台灣孩子參加禮堂朝會時昏昏欲睡的畫面，在動與靜、朝氣與沉悶的對比中，值得我們反思。此外，也看到紐西蘭孩子在課堂上熱切的討論，不像台灣孩子老被要求要安靜。該校校長說，如果孩子是在學習，吵鬧有什麼不可以。紐西蘭學校裡教得不多，看來鬆散，但其實很注重教師的專業（曾希文，2007）。

從上述的報導中，不也提醒教師在班級經營中應有的多元思考方式嗎？

（二）教師常認為孩子年紀還小，無法獨立思考與決定，因而常以「我為你好」的上對下方式規範孩子

《天下雜誌》曾介紹加拿大一位青年魁格‧柯柏格，在十二歲那年，也就是1995年某一天早上，從報紙上讀到一則巴基斯坦四歲男孩就被賣為童工的悲慘故事，他大感驚訝，一樣是小孩，竟有這樣迥異的命運。在母親的鼓勵下，他到圖書館找資料，也在學校向同學演說，立刻湊了十幾個人共同成立「解放兒童」組織，希望能夠解放因為戰爭、貧窮而失學的孩子們。「我們這個世代總被假設是明天的領袖，我們一定要從今天就開始當家做主！」小小年紀柯柏格就有雄心壯志，「兒童也能幫助兒童」（楊淑娟，2007：216-217）。同樣是孩子，只要提供孩子發展的機會，深信我們的孩子也可以做得到。

二、角色上的迷思

在我們的教育現場，一個班級包括班級導師及科任教師。就教育理想而言，不論是導師或科任教師，都應肩負班級經營的角色，且也是經營班級的重要舵手。因此，任何一位教師，只要進到班級從事教育活動，就須以學生身心發展為基礎，並以認知、情意、技能、行為改變等為學習活動的核心，將時間、空間、人員、常規、課程、教學、行政等方面的班級經營事項，做周詳與妥善的安排，期使學生的學習更加多元、生動、適性、創意、順暢且有成效（單文經等譯，2004：vi-vii）。但就實務觀察，教師在班級經營中有三點角色上的迷思：

（一）教書重於教人，趕課業進度優於孩子的學習進度

　　教育的目的在培育身心健全發展的孩子，其主體在孩子而非書本，但綜觀教育現場，有為數不少的教師被問到從事的工作時，會答以「教書」，此類教師，常窄化學習的內涵，以知識為主軸，忽略情意與生活習慣的引導，且常以趕進度為由，忽略孩子的學習困難，甚至根據成績高低把孩子分類，對學習低落或有學習困難的孩子，也較不易從教育專業的角度探討原因，也不會有更多的耐心想了解與協助孩子解決困難。

（二）只想當科任，不想當導師

　　根據筆者和學校及第一線教育工作者的接觸，學校最苦惱的是許多教師沒有當導師的意願，經常要用拜託的方式，才好不容易勉強找齊各班導師；而導師最大的無奈是科任教師無法配合進行有效的班級經營，孩子在課堂上發生的問題，經常都得靠導師處理。因此，導師經常疲於奔命，此種情況，在中等學校尤其明顯。的確，以目前的教育實務，除了導師在教育活動中，會掌握班級經營的要項，在教學之餘，仍會持續關心孩子的生活並與家長互動外，為數不少的科任教師幾乎是典型的「教書匠」，以課本為中心，以進度為依歸，目中有書本，心中無孩子，造成師生間的鴻溝，甚至親師間的誤解。根據《教師法》第17條規定，所有教師都有擔任導師的義務，既是義務，我們如何善盡其責，成為孩子成長的貴人呢？

（三）只偏限於班級事務，缺乏與學校行政、家庭及社區的互動

　　班級經營涉及人、事、物等多方面的要素，需要更多人力與資源的投入，如果只著眼於班級中的事務，就無法有效結合更多

的資源協助班級發展，尤其，在家庭功能式微的現代社會，更需要家長的配合及社會專業人員的參與，才能有效處理班級經營中的各項問題。

三、管教上的迷思

在班級經營中，較易引發爭議且受關注的應屬管教上的衝突事件。從教育專業而言，管教的主要目的是要促進學生良好行為及習慣，減少學生不良行為及習慣；維護校園安全，避免學生受到霸凌及其他危害；維護教學秩序，確保班級教學及學校教育活動之正常進行。但就國內層出不窮的管教衝突事件，可以發現，教師在管教上存有二點的迷思：

（一）管教概念的混淆與不當運用

「管教」一詞含有濃厚的威權色彩，所指的是上對下的一種控制、約束的關係。就教育專業而言，所謂「管」，指的是處理孩子的偏差問題或行為，用的是教育的方法及相關的規範，以人性化及孩子主體的角度予以適時、適切的處理；而「教」指的是引導孩子在事件中知錯、改錯並能記取教訓積極向上、向善。以孩子考試作弊來說，教師要「管」（處理）的是作弊事件的調查、了解、溝通與懲處，但要「教」的卻是引導孩子自我反省、勇於認錯、積極改過。一般教師常把管教二字混為一談，而且經常誤用管教的本質與精神。教師如能善用管與教的精神與旨意，哪有管不好的事、教不好的孩子（傅木龍，2002）。綜合「管教」二字，實際上含有「管而教之」的意涵，乃是施教者意圖讓受教者養成與表現良好的行為習慣，使得教育活動能夠順利進行的一種過程，這整個活動的本身就是教育活動的一部分。因此，

管教活動是教育活動的一部分（傅木龍，1999）。

（二）管多於教，服從多於尊重

　　一般教師習慣將班級學生表現的好壞歸責在自己身上，因而為有效維護班級秩序或處理班級衝突事件，常會採取各種規範，約束孩子的行為，使孩子為免受罰而不敢做出違規的行為。從孩子道德發展的階段來看，適度且合理的紀律要求，有其存在的必要，但藉由他律的規範，到自律的發展，才是教育的根本所在。長期以來，教師過度依賴規範的約束，強調服從紀律，忽略孩子的個別差異及主體性，讓「尊重」、「包容」等重要的人權素養無法在班級生活中體驗與實踐，也造成師生間、親師間的緊張與衝突，讓班級經營蒙上一層陰影。

四、自治上的迷思

　　班級是孩子練習自主與自治的重要場所，但自主與自治需要班級幹部的共同合作，也需要教師的引導與培養，才能逐步實踐。但在當前升學掛帥的大環境中，教師在引導孩子自治上存有三點迷思：

（一）班級幹部的遴選過於簡化

　　班級幹部是班級經營的重要協助者，因此，鼓勵孩子積極參與幹部的遴選，乃是學習民主生活的重要過程，但就實務觀察，一般教師對班級幹部的定位、角色、功能與遴選，缺乏完整的認知與體驗，因此，無法藉由班級幹部的遴選與運用，提升孩子民主與自治的能力。

生命之探2：澄心向愛行

（二）班級幹部缺乏培訓的歷程

班級幹部既然是教師從事班級經營的重要幫手，這些幹部必須具備其角色上應有的認知與知能，諸如溝通、組織、領導、衝突管理等能力，這些能力必須透過一定的歷程加以培養與練習，才能逐漸深化成為孩子的能力。但一般而言，在我們的教育現場，班級幹部只是被教師賦予基本的工作事項，至於要如何有效執行或持續發揮其應有的功能，卻很少被討論與關注。

（三）召開班會，徒具形式，無法提升班級自治與民主素養

我國中小學都安排有班會的課程，這是孩子學習民主、體驗民主，進而培養自治的重要管道，但根據現場教師及孩子的反應，一般教師對於如何有效召開班會，缺乏完整的認識，以致無法指導孩子認識並練習相關會議規範，班會淪為各抒己見的舞台；在某些時候，甚至淪為教師趕進度、加強補課的時段，無怪乎經過中小學十二年的教育過程，我們的國民還是不熟悉也不習慣真正民主的議事討論。

☙ 肆、我們所了解之班級經營的價值

在多元智能的理論中，個人的發展不是靠考試成績，也不是靠文憑，它需要更多面向的探索，才能幫助個人身心靈的發展；在世界是平的趨勢中，個人的成就不是靠閉門造車，也不是靠社經地位的累積，而需要深入了解個人與人群、社會、國家、世界，甚至與大自然的關係。身為教育工作者，如能在班級經營過程中，培養孩子全人發展、人文素養及寬廣的胸襟與氣度，方有可能扭轉當前智育掛帥、自我本位的迷思。

教師是班級經營的領航員，猶如海上的燈塔，引領著一群身心未臻成熟的孩子往前邁進。班級是孩子練習群體生活的舞台，班級活動則是孩子體驗社會生活的開幕序曲，其中，師生間、同學間、親師間、班際間種種的互動，對孩子的身心發展與學習都有或多或少的影響。當閱讀悠文翻譯之《優秀是教出來的》一書，可以深刻發現作者克拉克這位偉大的教師，以自己從小被祖母教出來的做人規矩為基準，花了極大的時間與心力和班上孩子共同討論、訂定班規，以此鼓勵孩子，也激勵自己。他運用「超基本五十五條」班規，傳授了許多經驗，並詳加解釋這樣做的原因，有的班規還搭配實施的招數。他深切的和孩子討論人是可能犯錯的，要接受這樣的事實，並從錯誤中學習與繼續前進；也提醒孩子無論什麼情況，一定要誠實，只要坦白承認，會得到教師的欣賞並被寬恕。由於他的熱情付出、積極關懷、耐心引導，讓孩子在班級互動中學到尊重、包容、誠實、勇敢、禮貌等重要的品德，也激勵孩子懂得珍惜自己，努力向學，進而讓這群弱勢且資源缺乏之孩子脫胎換骨，成為全國知名的班級，甚至紐約市最難考的明星初中，考進去最多的就是他的學生（悠文譯，2004）。這是班級經營的成功案例。身為教育工作者能否捫心自問，是否也曾如此用心且熱情的經營班級，尤其是面對弱勢、低社經背景且被放棄的孩子？教育可以扭轉孩子的人生，轉化黑暗成為光明。每個孩子都是一塊璞玉，端看教師能否運用專業與熱情去因應它的紋路，把它刻成最理想的藝術品。在討論「優秀」時，絕不是成績可以概括的，學業成績優秀的孩子永遠只有幾個名額，在名次的排序上，總有先後，這也是事實，但班級是「一群」孩子，教師在教導「一群」活生生的孩子，而不只是「一個」，我們是否也試著效法克拉克的方法與精神，創造出許許多多的「優秀」？

在日本深受懷念之梅子老師，雖然不是正式教師，卻以獨特的幽默感、謙沖的態度、樂天知命的價值觀及真正的愛，深深的影響許多學生。她讓學生懷念的，不在課本知識的傳授，而是她的用心與人格風範，正如她所說：「真正的老師不在於資格問題，至少要有謙虛的心，而且人格上必須是真正完美的人。」（林玉佩譯，2004：230）也說：「有求於我的地方，就是最好的去處。」（林玉佩譯，2004：116）梅子老師一生樂觀，笑口常開，有人問她：「孩子打破自己最心愛的花瓶，怎麼辦？」梅子老師不但不生氣，反而安慰學生說：「本來就是容易打破的東西嘛，沒關係，別在意！」輕輕的一句話，就輕柔地化解孩子內心的不安，給孩子莫大勇氣，她總是把「人」放在第一位。面對孩子的種種行為，梅子老師不會從負面角度去批判、苛責，反而從正面的態度去感受與同理孩子問題的原因，進而付出更多的關懷與信任，幫助孩子在和諧與溫馨的氣氛中自我發現、自我突破。例如，曾有位孩子每隔二至三天就到梅子老師家中坐一、兩個鐘頭，然後默默離開。直到多年後談起，梅子老師才說，她從不覺得這學生奇怪，反而覺得他與眾不同且認真、有勇氣；這位孩子則說是因為不能忍受同學對他的批評，而選擇默默的躲到老師家。梅子老師從不趕他，也不刻意去問他，讓他在祥和與安寧的環境中靜靜的沉思。在我們的教育現場，這樣的孩子，可能會被貼上行為怪異的標籤，甚至被送到輔導室接受個案輔導，但如對孩子的問題成因缺乏通盤了解，又如何能做妥善的關懷與輔導？從另一角度說，一般教師要得到孩子如此的信任，似乎仍須投入更多的了解、關懷與付出。梅子老師沒有教條式的言論，也沒有嚴格的紀律，卻能在無形中以發自內心良善的慈悲行動，感化孩子純真的心靈。

《牧羊少年奇幻之旅》一書中提到：「**寶藏要靠流水的力量沖刷才能露出來，但也正是同一個力量把寶藏深埋在底下。**」（周惠玲譯，2004：32）從相關教育研究與理論的探討，每個孩子都有無限的潛能，擁有無數的寶藏，究竟是被挖掘而成才成器或被埋葬而失落人間，全賴教育工作者專業的啟迪與耐心的循循善誘！馬札諾（Marzano）於2000年利用後設分析，認為有效能的教師會透過：(1) 最有效的教學策略；(2) 設計妥適的班級課程；(3) 有效班級經營技術等三種角色，對學生成績產生明確的影響。其中，有效的教學策略與良好的班級課程設計，必須建立在有效班級經營的基礎上（賴麗珍譯，2006：5-7）。

　　布羅菲和艾弗森（Brophy & Everson）1976年的研究也指出，幾乎所有的教師效能調查研究都認為，班級經營技巧是決定教學成效的基本要素，班級經營技巧不足的教師，將無法有所作為（賴麗珍譯，2006：9）。瑪格麗特・曼（Margaret Mang）等人於1993年的綜合研究也發現，對學生成績的影響，班級經營被評為第一重要的變項（賴麗珍譯，2006：11）。瓦特・柏格和法蘭克・阿斯松（Walter Borg & Frank Ascione）在1982年針對接受過有效班級經營技術訓練的教師與未接受訓練的教師進行比較研究，發現前者在班級經營技術的使用上有明顯的改進，班級干擾行為較少，孩子則有更高的學習用功程度。艾默（Emmer）等人1982年的研究則發現，參與訓練之國中教師在研讀班級經營技術手冊和參與兩次半日的工作坊訓練後，班級經營技巧即有明顯的改進。綜合以上研究發現，教師班級經營的效能可以透過在職教育的培育而獲得提升，也因而對學生的成績產生正面的影響（賴麗珍譯，2006：17）。

此外，班級規則與常規，是班級經營最顯著的面向，兩者都是對孩子行為的期望，傳達了「我在這兒教學，你在這兒學習，我們一起合作，共同成長」的訊息，它提供孩子行為表現的基本準則，也讓孩子覺得教室是安全且可以預期的地方。一般而言，規則指的是一般的期望或標準，屬於原則性且較上位的概念，一條規則可能包括許多期望的行為；而常規則表達對特定行為的期望，屬於具體且可觀察的行為（賴麗珍譯，2007：5）。例如，一位教師可能訂出「善盡責任，謹守本分」之規則，此規則包含了多項的期望行為，例如，準時繳交作業、上課不吵鬧等常規，這些常規相當特定且具體。班級規則和常規應被視為師生的「契約」，家庭氣氛的研究也支持規則和常規有必要是協議而非強迫的。因此，與孩子協議後明訂的規則與常規，是班級經營的關鍵面向，其影響的層面不僅是孩子的行為，也包括孩子的學業成績。2001年，范和陳（Xitao Fan & Michael Chen）在一項包括六萬九千對親子的研究中發現，孩子的家教規範對其在校的學業成績有十個百分點的關聯。顯然，為班級甚至家庭所設計和實施的規則和常規，對孩子在校的行為與學習有深遠的影響（賴麗珍譯，2006：25-26）。張民杰（2005）則認為，建立班規是班級經營的必要條件，藉由班規可以明確傳達教師的期望，也可使孩子預期行為可能導致的後果，讓孩子學習負責的態度，亦可結合班級的學習目標，將孩子培養成五育均衡發展的健全國民（張民杰，2005：12-13）。

我們常說：「世界上永遠有個地方點著一盞燈，永遠有個角落伸出一雙手。」這是孩子心靈的避風港，它就是孩子的班級。這一盞燈是教師智慧的啟迪與引導，得以增進孩子的信心，指引

孩子邁向光明的人生方向；那一雙手是教師慈悲的關懷與付出，得以鼓舞孩子的心靈，增進孩子的力量，幫助孩子在挫折中勇敢站起來。教師是班級經營的靈魂，班級則是孩子身心健全發展的重要場所。綜合上述，可以歸納班級經營的價值，包括五大項：(1) 提供孩子多元學習，提升教育品質；(2) 促進孩子身心發展，培養健全公民；(3) 鼓勵孩子有效自主管理，培養孩子自治能力；(4) 引導孩子適性發展，激發個人潛能；(5) 搭建家庭與學校的溝通橋梁，建立良性的親師互動關係。

✑ 伍、正向管教對班級經營之啟示

　　班級經營是一種互動的過程，在這過程中，涉及師生、同儕、親師等多元的主體，必須面對複雜且多樣態的事務，來自各方不同的意見，甚至衝突，乃在所難免。尤其，最易引發爭議的管教衝突事件，常為班級的和諧增添幾分不確定的變數，也是班級經營最需要關照的面向之一。我國於2006年12月27日修正公布教育基本法，其中第8條第2項明定，學生之學習權、受教育權、身體自主權及人格發展權，國家應予保障，並使學生不受任何體罰，造成身心之侵害。根據教育部2007年3月進行之第八次國中學生校園生活問卷之抽樣調查結果指出，在2006年一年間有44%的國中學生遭受體罰（教育部，2007）。面對過去傳統「愛之深，責之切」、「不打不成器」的管教思維，在禁止體罰入法後，如何協助教育人員增進專業與輔導知能，放棄體罰及其他違法或不當之管教方式，改採其他合理有效管教學生之方法，乃刻不容緩之要務。

教育觀念的改變，需要透過有效的對話與周延的方案，才能逐漸融入校園環境。以過去的經驗，「禁止」一詞帶有負面且消極的意味，如同班級經營過程中，教師也經常以「禁止」上課吵鬧、走動等規範孩子，但真能完全「禁止」嗎？因此，為落實教育基本法「禁止」體罰的立法旨意，有必要從正向的角度討論體罰的成因及可能的後果，並研擬周延且可行的方案，據以執行。教育部基於全國教育主管機關之職責，經邀集地方主管教育行政機關、全國教師會代表、全國家長聯盟代表、教育及法律專家學者等，共同研商訂頒「推動校園正向管教工作計畫」，透過行政規劃與督導、協助教師專業成長、降低教師負擔並給予教師支持資源、對教育人員違法或不當管教學生事件之處置、家庭及社會宣導教育五大策略，協助各縣市及學校提升教師正向管教知能。從上述工作計畫，可以體會教育部在面對禁止體罰入法後之積極且正向的態度，期望藉由提升教師輔導專業知能、案例分享、經驗交流及管教事件之有效介入等策略，消弭傳統體罰或不當管教的沉痾；另外，也藉由正向管教計畫，讓親師生相互同理，建立互信互賴的親師生關係及解決衝突的有效處理模式，讓班級經營朝向尊重、包容、寬恕、和諧與溫馨的氣氛發展。

腓特烈‧瓊斯（Fredric Jones）1987年提出正向的班級經營理論，主張不管學生的年級高低、發展階段或個別差異，可以透過正向行為的倡導，來協助教師處理學生層出不窮的問題，強調班級經營過程中的積極作為，而不是消極地控制孩子（單文經等譯，2004：246）。瓊斯針對正向班級經營，提出三個主要概念：(1) 正向班級經營的過程必須是：①正向的：教師必須溫文儒雅、肯定學生、訂定規範、鼓勵合作而不強制；②經濟的：一旦嫻熟

之後，會體認到此作法的實用性、簡易性，以及便利性，可以減輕教師的工作負擔；(2) 正向班級經營有四項技巧：①發展班級結構，包括規範、程序，以及物理環境的安排；②維持平和並運用肢體語言來訂定規範；③教導學生分工合作以及負責盡職；④提供支持系統；(3) 時間和空間的分配是教師的重要資源（單文經等譯，2004：248）。

瓊斯認為，全人發展是教育的核心，也就是孩子行為的適切性，和對自己、同學、師長，以及「彌足珍貴的學習機會」的關心。據此，班級經營的焦點不應只放在行為管理，更應注意到情意的陶冶、良好習慣的培養、自信心的激勵、獨立思考與判斷能力的養成及友善人際關係的建立。這才是正向班級經營的主要目標。因此，根據瓊斯的論點，教師更應努力體驗與學習正向班級經營的理念與技巧，以傳達尊嚴、合作及尊重的訊息，使孩子在學習過程中，體會自己的獨立與獨特性，進而培養自主、自治與責任感（單文經等譯，2004：248-249）。

面對當前校園的霸凌事件及暴力行為等問題，大衛・強森和羅傑・強森（David Johnson & Roger Johnson）於1987年也從正向的角度，提出學校與班級經營的三個C：合作（cooperation）、衝突解決（conflict resolution）、公民價值（civic values）。他們指出，藉由合作、衝突解決、公民價值等「三個C」，教育工作者可以使學校成為更安全的學習場所。「合作」的用意在於呼籲孩子、教師、行政人員、家庭、社區成員通力合作，邁向教育的共同目標。當合作的社群裡發生衝突事件的時候，「衝突解決」能幫助參與者面對問題、解決問題。當學校社群分享共同的「公

民價值」，並以此作為導引相關的決定時，合作的社群才能夠逐步建立起來，並藉此以正向及建設性的方式解決衝突（單文經等譯，2004：395-396）。

綜合上述，教育部以「正向管教工作計畫」積極落實禁止體罰的政策，而相關學者亦以「正向班級經營」作為培養孩子全人發展及解決校園暴力等衝突事件的有效策略，兩者對班級經營之意義與價值，皆有異曲同工之妙。筆者認為，「正向」一詞，在班級經營中蘊含積極、鼓勵、雙向且有效的作為，而不是消極或上對下的控制與懲罰。藉由「正向」的理念與措施，可以傳達尊嚴、合作、尊重、參與、信任、自主的信息，也可藉此激勵教師不斷的自我成長，進而展現教師的專業與人文素養。基此，正向管教對班級經營有八點啟示：(1) 從正向管教邁向正向班級經營；(2) 強調正向的態度面對孩子的問題；(3) 肯定教師在班級經營的重要角色與專業的影響力；(4) 重視孩子全人的發展、自律以及責任感的培養；(5) 妥適、周延且可行的班級規範，可以促進班級教育活動的順暢推動，使師生每日活動所需時間和精力，都能做最有效的運用；(6) 透過班級規範、同儕合作、自我約束及相關支援系統（如違禁品的處理，須藉由學校相關單位及警察、司法單位的協助），可以有效處理學生的問題；(7) 強調程序的正義與實質的效益；(8) 正向管教可以提升班級經營效能，並促進有效教學。

ᖇ 陸、我們對正向班級經營應有的思維與作法

班級經營的成效關係著孩子全人的發展，面對正向管教的推動，班級經營更應有新的思維與作法，才能在創新中破除傳統的

迷思；在開放、民主中營造安全、支持且溫馨的班級文化。影響班級經營成效的因素有許多，坊間相關書籍也多有說明，筆者不再一一贅述，但在正向管教政策中班級經營應有的理念與作法，是教育工作者必須深思與探討的議題。於此，筆者擬就班級經營的理念與作法略述如下。

一、正向班級經營應有之思維與理念

傳統上，教師習慣將班級學生表現的好壞歸責在自己身上，不論是班級秩序、整潔環境、成績表現等班際間的競爭，都可能成為教師班級經營的壓力源頭，教師總想將班級經營的十字架扛在肩上，也因此，教師對孩子不是過度規範、保護、要求，剝奪孩子參與及練習討論與決定的機會，就是在孩子未達期望下，無奈的失去教育的熱忱。有效能的教師，不會把解決問題全攬在自己身上，而會根據個別情況適度把問題還給孩子，從旁觀察並引導孩子培養解決問題的能力。因此，正向班級經營應有不同以往之思維：(1) 每個孩子都擁有發展不一樣人生的權利；(2) 教師是孩子的諮詢者與資源提供者，讓孩子用他自己熟悉的方式來使用教師；(3) 班級經營不光是導師的責任，而是每位教師必須共同負起的責任；(4) 孩子也可以成為班級經營的主體；(5) 班級幹部是學生練習自治的關鍵人物，必須安排系統的培訓；(6) 遇到問題，先傾聽、先陪伴，多感受、多同理，不急著批評與給答案；(7) 每個問題都是啟迪孩子的契機；(8) 相信孩子有解決問題的能力；(9) 不要輕易為孩子做決定，要和他們一起討論解決問題的方法並分析事情的可能結果；(10) 班會、班級規範或班級生活公約是練習民主與自治的重要過程與機制。

身為教育工作者要能有效經營班級，必須釐清並建立班級經營的重要理念，才能在多元價值與內外衝擊的環境中，以堅定的理念、可行的策略、穩健的步調，循序漸進的營造開放、民主且有效能的班級。筆者認為，教師必須針對以下問題詳加思索，並建立應有的正確理念：(1) 教育的本質與目的；(2) 人師與良師之意涵及如何成為人師與良師；(3) 自己的優勢與限制及如何發揮與強化；(4) 良好師生關係的氛圍與建立；(5) 有效教學的策略與運用；(6) 親、師、生及學校行政在班級經營中扮演的角色；(7) 班級經營的主要目的與價值；(8) 班級經營可能面對的問題與困境及因應之道；(9) 應避免及預防哪些不當的孩子行為；(10) 意外事故之預防與處理；(11) 應該如何藉由紀律的培養，引導孩子自律；(12) 班級經營的資源與支持系統。

二、正向班級經營之可行作法

有效能的班級經營者會針對孩子特性、家庭背景、學校文化、社區特質，予以深入了解與分析，建構合適的班級經營理念並研擬周延的班級經營計畫，有益孩子全方位的學習；無效能的班級經營者，則無法因應孩子個別差異及外在環境或情境的變化，而調整班級經營的理念與策略，使班級淪為形式的上課教室，無法形塑班級團體意識與文化，使孩子的學習窄化為知識的填鴨、秩序的管理及個體的競爭。因此，在正向班級經營的理念中，不論是教師、學校或教育主管機關，都應本諸教育專業的思維，針對不同層次與需求，研擬周延、可行的作法，以改善傳統班級經營的迷思。以下分別就教師、學校及教育主管機關在正向班級經營可採取之作法說明如下：

（一）教師方面

1. 充實班級經營的知能與技巧：研究上已證實教師參加班級經營工作坊或培訓，可以提升班級經營的效能（賴麗珍譯，2006：17），因此，教師必須主動參與在職進修或自我閱讀，充實相關知能，並主動分享研習心得，謀求更多的對話與討論。

2. 掌握班級經營的重要時機：根據相關研究，在學年開始時及早注意班級經營，是使班級運作良好的關鍵要素（賴麗珍譯，2006：10）。根據一般觀察，孩子進教室之前，也就是開學前，妥善規劃並執行班級經營計畫，是良好班級經營的重要關鍵所在。因此，有四個時間點是教師可以善加運用的：(1) 在開學前：寫一封信或打一通電話給家長、孩子，說明自己的教育理念及班級經營的相關措施，也藉此了解孩子的家庭背景，建立友善與信賴的互動機制；(2) 開學後一星期內應有的規劃與安排：一般而言，開學後一星期內，是建立班級規範與運作的重要時段，也是親師生相互了解與溝通的關鍵時刻，教師必須有所準備與規劃。(3) 寒暑假前的叮嚀：教師如能和孩子及家長充分溝通與引導，寒暑假是提供孩子獨立學習及培養良好生活習慣的重要時機，也是孩子幫助家事、關懷社區的有利機會。如何延伸班級經營的成效至家庭與社區，是值得教師深思的課題。

3. 熟記每位孩子姓名並妥善運用：姓名是人格權的一部分，在班級中，教師如能熟記每位孩子的姓名並隨時點到孩子的名字，可以讓孩子體會被看到與被尊重的感動。教育現場的教師，花了許多時間準備授課教材，但卻不易引起孩子學習動機與專注

力，也不易得到孩子的正向回饋，因此，改變策略，先熟記每位孩子姓名並有效運用，一定會得到意外的成效與感動。

4. 妥善建立並運用家長及社區資源：家長及社區是班級經營的重要資源，建立家長專長及社區資源資料，並妥善運用，將有助班級經營的全面性發展。

5. 善用重要活動或節日：例如家長參觀日、校慶、校外教學等重要活動，和孩子一起討論、規劃活動的內容，增進班級互動與團隊的合作；也藉此積極邀請家長到班上，一起分享親職教育之相關問題。

6. 有效預防與處理重要危機或衝突事件：在班級經營中，各種危機或衝突事件，必須有所預防與因應，如能事先研擬相關預防與處理流程，並讓孩子及家長了解，在案件的處理上，才能在理性與實務、情面與法理間得到合宜的解決。

7. 透過民主程序選舉班級幹部並系統培訓：班級幹部是班級自治的核心人物，教師必須引導孩子重視班級幹部的角色與價值，並誘發孩子積極服務的人生觀，勇於為班級服務。此外，班級幹部的領導、溝通、組織、協調等能力，需要教師定期與不定期的引導與培訓，才能有效協助班級的運作。

8. 透過民主程序，建立班級常規（生活公約）：班級常規是班級運作的重要依歸，透過師生共同討論，形塑班級生活公約，可以引導孩子正向的行為表現。過去，班級生活公約常流於「不要做什麼」、「不能做什麼」等消極規範，正向的班級經營應引導孩子「應做什麼」、「可以做什麼」。此外，訂定罰款或

約束孩子個人身體自主權，例如規定髮式等，已不合時宜，應確實根除。

9. 強化班會的功能與價值：學習開會的議事規則、學生權益及班級公共事務的討論等，都是班會的重要價值，教師必須摒除過去對「班會」時間的消磨，重新建立班會的定位與價值。

10. 透過正向管教，培養學生自主管理與自治自律：教育強調尊重與包容，而不是服從與懲罰，藉由正向管教的思維，以教導的方式培養班級紀律，進而幫助孩子的道德發展從外塑到內化，從他律到自律。

11. 引導孩子、家長討論管教、處罰與體罰的不同：教育部訂頒之「學校訂定教師輔導與管教學生辦法注意事項」，針對管教、處罰、體罰已有明確的界定，教師有必要透過相關管道和孩子及家長討論，才能有效杜絕教師及家長體罰或不當之管教事件。

12. 對孩子成績之公布，避免有侵犯隱私權或引發過度競爭的迷思：長期以來，教師為激勵孩子用功讀書，常將孩子成績排序公布，這樣的措施，或許能讓部分孩子知所警惕，但由於孩子身心發展未臻成熟，可能對孩子造成難以磨滅的負面影響，甚至引發孩子間的惡性競爭或自暴自棄。如須公布孩子成績，建議採用孩子座號或代碼方式處理，只要孩子個人知道他在班上的排序，或許就可以達到原來的目的。

13. 藉由班級個案或社會案例，引導孩子關心弱勢並參與公共服務：家庭功能失衡，弱勢、單親、隔代教養等問題，已成為班

級經營必須面對的新課題。不論家庭或學校，都希望培養孩子高尚的品德，而關懷、尊重、責任、公平正義、信任、公民意識等正是品德的重要核心價值，教師如能藉由相關案例，鼓勵孩子討論並以實際行動展現品德的素養，當能營造品德本位的班級文化。

14. 建立班級網頁及家長電子郵件系統：在電子化的世代，透過班級網頁，師生一起經營與分享，建立班上良性的溝通與互動，有益教學及班級意識與文化的形塑；而建立家長電子郵件網絡機制，適時將班級表現與狀況分享給家長，加強親師溝通；教師亦可蒐集相關親職教育的文章或重要事件之案例分析，傳遞給家長，提升家長親職教育之知能。

15. 撰寫班級經營計畫及班級經營日誌：不論是導師或科任教師，都必須針對所教導的班級，撰寫班級經營計畫，內容概略包括：班級經營理念、對孩子行為的期望、開學前的準備與檢視、班級標語或班級常規、教室配置、班級幹部的選舉與培訓、違規行為的處理流程與處罰方式、班級運作的相關程序與例行事項（上課、下課、分發物品、收取物品與作業等採用之程序）、教學計畫擬定、班級可用資源等。此外，教師針對班級經營之過程及重要或重大事件等，如能撰寫班級經營日誌，當可作為自我檢討與改善的依據。

16. 主動分享班級經營計畫與心得：不同類型的班級，需要不同的班級經營計畫，教師可以透過班級網頁或學校資訊系統，分享班級經營計畫與心得，甚至在相關研習活動做深入報告與分享，藉由教師的主動參與及分享，引發教師們對班級經營議題

的關心與投入，讓正向班級經營的意義與價值，獲得教師的重視並有效經營。

（二）學校方面

1. 將班級經營的理念與成效，納入校務經營的重要項目與指標，帶動全校教師一起投入班級經營。

2. 整合相關資源並建立支持系統，有效協助教師之班級經營，並成為最佳後勤支持者。

3. 規劃辦理班級經營研討活動或工作坊，鼓勵教師在職進修。

4. 提供教師分享班級經營知能與心得的機會，加強教師間的互動與討論。

5. 辦理校內或校際間有效班級經營之觀摩與分享活動，激勵教師優異表現。

6. 遴選優秀班級經營教師，列入相關表揚或納入教師成績考核之參考。

7. 充實班級經營相關書籍或教材，提供教師參考。

8. 依法訂定重要管教事件之處理流程，例如檢查孩子書包等之相關規範與程序，俾使教師有所遵循。

9. 規劃辦理全校性之班級幹部培訓活動，並定期安排校長與班級幹部的座談活動，藉此提升孩子參與公共事務的能力，也增進校長與幹部的相互了解，促進整體學校的正向發展。

10. 引導家長會之健全發展，並辦理親職教育活動，提升家長參與教育事務之能力。

（三）教育主管機關方面

1. 建立完善之教師在職進修制度，並適度規範合宜之進修時數，尤其是班級經營及輔導知能方面的進修議題，以系統提升教師班級經營之知能。

2. 研訂教師評鑑制度，以有效了解教師之整體教育表現。

3. 規劃辦理系統性之教師在職進修活動，並建立教師進修護照制度，以確實掌握教師之進修概況。

4. 規劃辦理區域性之班級經營教師研習活動，並建立種子教師人才資料庫，以協助推動正向班級經營之相關活動。

5. 鼓勵與表揚教師撰寫班級經營之成功案例，並放置於相關網站，提供教師參考，以激勵教師發展多元之班級經營模式。

6. 將班級經營列為新進教師研習及主任、校長儲訓之重要議題，藉以引發教育工作者對班級經營之重視與關注。

7. 訂定相關獎勵措施，鼓勵教師從事班級經營之行動研究，並提供發表與觀摩的平台，以激勵教師不斷創新班級經營之策略，達到班級經營之目標。

8. 訂定相關措施，鼓勵家長團體規劃辦理家長成長教育活動，以增進家長教育知能並協助教師推動班級教育活動。

用正向思維為班級經營圓夢

∽ 柒、結語——以正向思維為班級經營圓夢

　　班級經營是教師將教育理論與理念轉化為教育實務的重要過程，在這轉化的歷程中，涉及親師生等多重複雜的互動關係，而正向的班級經營是動態、連續、多元的變動過程，它是互信、互賴、互助及互為主體的溫馨感受。如果缺乏孩子的感動，就無法激起孩子的熱情與活力。因此，在班級經營過程中，它包括了五個層面的關係：(1) 多對一的關係：所有教師都負有班級經營的責任；(2) 多元化的關係：教師與孩子間的互動應包括知識、情感、意志與行為等全人發展的互動；(3) 互為主體的關係：孩子是受教的主體，教師所採行的任何教育措施，應以符合孩子身心發展需求為主要考量，並尊重孩子的個別差異，而孩子則應秉持校園倫理，尊重教師的專業與職責；(4) 互為支持的關係：教師、孩子各有不同的角色，在自主、自治的過程中，得以相互惕厲與成長；(5) 動態延伸的發展關係：班級是師生互動的主要場所，但家庭、學校及社區資源，也是班級經營的重要資源，藉由結合各種資源，得以提升班級經營的效能，進而引導孩子從事社區關懷與社會改造。

　　所有的孩子都懷著各自不同的夢想進入校園，在知識暴增的時代，學業不再是孩子人生的全部，世界才是他們必須面對的學習場域。世代間的鴻溝不再靠知識彌補，必須讓孩子們直接參與相關學習及其權益的討論。我們常說，成長就像咖啡，有甜有苦，有香醇也有苦澀，讓孩子選擇自己最喜歡的口味，也就等於支持孩子選擇自己想走的人生道路，正向班級經營不也該如此嗎？教師擁有班級經營的權柄，它很容易被使用，重要的是如何

使用或在什麼時候不去用它。如果把它（權柄）轉化成影響力，教師會如何看待自己的角色？孩子來自不同家庭，有不同的天分與志趣，班級必須有多元、包容的土壤，才有可能培養孩子的自信與自尊。面對青少年的種種偏差行為，不論是桀驁不馴的孩子、懦弱依賴的孩子、行為偏差的孩子、自卑孤僻的孩子等，其身後都有鮮為人知的故事，教師可以成為傾聽故事者，也可以成為改編故事者，甚至創新故事者，這一切全賴教師「正向」班級經營的實施。

傳統教育，不論是教師或父母常以「為孩子好」，剝奪孩子自我探索及獨立思考與決定的機會，對孩子缺乏信心，不願意放手，不相信孩子，孩子無法學習自主管理與自治自律。記得電影《當幸福來敲門》有一段的對白是這樣的：「孩子，你記得，這輩子別讓任何人告訴你，你不能做什麼，他們這樣告訴你，是因為他們自己做不到並不代表你做不到，而且，就連你爸爸也不行！你有夢想，你得保護它；如果你想要什麼，就去追尋它……」以上簡短話語，不也是正向班級經營中教師們必須重新檢視與省思的關鍵要素嗎？真正的愛不只是保護，更包含給予自由、信任與在錯誤中成長的機會。不管孩子表現得好不好，讓他感受到他本身就是價值而且值得被愛，身為班級經營的教師，多用正向的思維與策略，才能發自內心欣賞、尊重、包容與啟迪孩子，在心態、言語、行為上給予孩子正向的回饋。

正向是一種意念，一種思想，也是一種希望，更是一種力量，如同朗達‧拜恩在《祕密》一書中提到的：「……世界一切的事物都是從思想開始，思想是具有磁性的，並具有某種頻率，

自己就像一座身體發射台，用自己的思想傳送某種頻率……我們現在的一切，都是過去思想的結果……真誠地思考，你的思想就能餵養世界的饑荒。但你所抵抗的，會持續存在，所以，要想好的，不要想壞的。」（謝明憲譯，2007）從《祕密》的重要旨意中，深刻體會到思想的力量，是積極、正向且無窮盡的。我們不也常說：一個觀念可以啟動一個時代，一個思想可以影響整個世界，一個見解可以改寫一部歷史。思想有如此的力量，每個人都可以發出一個思想，但重要的是，要想好的，不要想壞的，而我們所不願、所抵抗的，卻會持續存在。所以，面對正向管教，我們必須用正向積極的態度，強化班級經營的能力，提升班級經營的效能，這是國內教育的一大轉變，也是促使教育重新找回專業與尊嚴的重要契機，更是為孩子人生圓夢的關鍵所在，誠如馬丁·路德（Martin Luther King, Jr.）所說：「有信心地踏出第一步，你不需要看到整座樓梯；只要踏出第一步就好了。」（謝明憲譯，2007：68）深深的期待這一股正向的力量能為所有教育工作者帶來自信與信心，昂首闊步的創造班級經營的新願景。

（本文原刊載於《學生輔導季刊》，2008年5月，第105期，頁6-29）

✿參考書目

吳清山、李錫津、劉緬懷、莊貞銀、盧美貴（2006）。**班級經營**。台北：心理。

周惠玲（譯）（2004）。Paulo Coelho著。**牧羊少年奇幻之旅**（The alchemist / A fable about following your dream）。台北：時報文化。

林玉佩（譯）（2004）。佐佐木征夫著。**梅子老師的愛與夢**。台北：先智。

張民杰（2005）。**班級經營——學說與案例應用**。台北：高等教育。

張秀敏（2003）。**國小班級經營**。台北：心理。

悠　文（譯）（2004）。Ron Clark著。**優秀是教出來的**（The essential 55）。台北：雅言文化。

教育部（2007）。**教育部推動校園正向管教工作計畫**。96年6月22日台訓（一）字第0960093909號函訂定。

傅木龍（1999）。讓我們攜手落實「教師輔導與管教學生辦法」之精神。**學生輔導雙月刊**，60，102-113。

傅木龍（2002）。在九年一貫教改列車中做一個快樂的教育工作者。載於國立台北師範學院（主編），**認真學習快樂成長——九年一貫課程理論與實做經驗分享**（頁29-60）。台北：國立台北師範學院。

傅木龍（2005）。堅持一條簡單的道路——快樂做孩子生命中的貴人。**教師天地**，**138**，4-9。

單文經等（譯）（2004）。M. L. Manning & K. T. Bucher著。**班級經營的理論與實務**（Classroom management: Models, applications, and cases）。台北：學富文化。

曾希文（2007，10月19日）。尋教改之路　公視「紐西蘭尋羊記」今播出。**聯合報**，C3版。

楊淑娟（2007）。改變世界不必我長大。**天下雜誌2007教育特刊：獨立與探索**，**384**，216-220。

賴麗珍（譯）（2006）。R. J. Marzano等著。**有效的班級經營——以研究為根據的策略**（Classroom management that works: Research-based strategies for every teacher）。台北：心理。

賴麗珍（譯）（2007）。R. J. Marzano等著。**班級經營實用手冊——有效的班級經營**（A handbook for classroom management that works）。台北：心理。

謝明憲（譯）（2007）。Ronda Byrne著。**祕密**（The secret）。台北：方智。

生命之探 2：澄心向愛行

16.

推動品德教育其實不難

∾ 壹、前言——富裕生活中的迷思

在科技文明的社會中，青少年的價值觀與生活態度，將決定未來社會的發展與國家的興衰；「人」依舊是社會進步的原動力，沒有人，科技無從開啟，所以，沒有人就不能做事；沒有人才，不能做大事，沒有人品，大事小事都可能變壞事。國科會、教育部和中央研究院共同推動「台灣教育長期追蹤資料庫」，針對1萬3,200多名國三學生進行問卷調查，超過四成糾察隊發現好朋友違規時，都會選擇「不登記、但私下規勸或制止」，跟多數成人的處理態度類似。這種現象顯示，台灣的小孩子處理社交問題時，很早就社會取向；也顯示台灣社會之特權現象，已影響民主觀念的建立，更使學生缺乏公平與正義的道德發展（李宗祐、喬慧玲，2006）。

長久以來，品格教育問題都是社會各界關注與討論的議題，李家同認為品格教育出了問題不能怪教師。他說，現在社會輿論，把學生品格教育責任推給教師「不太公平」，教師不會教學生說謊，不會鼓勵學生不負責任，「品格教育出了問題是社會責任」。例如，媒體多報導燒殺擄掠，孩子看了就會被影響；社會有頭有臉的人，一舉一動、一言一行都是身教，孩子會上行下效，居高位者應該謹言慎行。彭懷真亦認為，品格教育的養成，除了言教，身教最重要，養成良好人格、培養道德觀不能光用嘴說，或是單純言語溝通，需要人際互動與身體力行（喻文玟，2006）。當各界撻伐品格教育淪喪之際，台大校長李嗣涔在2006年新生訓練時，期勉新生要做到「考試不作弊」、「作業不抄襲」、「自行車不亂停」、「教室附近不喧嘩」，才稱得上是有

生命之探 2：澄心向愛行

基本品格的台大人。李校長強調台大校訓「敦品勵學、愛國愛人」的真諦，並重申這八字箴言的校訓，是傅斯年校長以來，台大代代相傳的核心價值。此番話經由媒體報導，引起熱烈的討論。這些應該是每個孩子從小就被耳提面命的基本道理，卻仍需台灣最高學府之校長再大費周章提醒，其中隱含的意義，難道不值得我們深思嗎？而當媒體採訪台大部分師生時，竟都坦言：「要做到上述幾點，確實不容易啊！」（謝文華，2006）試想，台灣最高學府的台大，對培養作為一個現代公民應有的基本素養，都覺得不易之時，我們能不痛定思痛重新檢視教育的本質與目標嗎？

學校教師擔負著孩子一生最重要的「人師」角色，對孩子的生活態度、品德陶冶尤有深遠的影響，但《天下雜誌》實施之「2003年品格教育大調查」，其中有關「孩子的品格教育，誰該負最重要的責任？」教師認為自己最重要的比例，排行第四，重要性還在電視、媒體、社會之後；而且也只有4.4%的教師認為自己可以影響孩子的價值觀，排行在網路、同學朋友之後（何琪瑜，2003：42）。學校是社會的縮影，也是學生品德學習與發展最重要的場所，在多元發展與資訊便捷的社會，雖然學生的學習是多元且變動的，但學校是傳遞重要價值與創新文化的場所，身為教師，如對學生品德的影響都缺乏信心，甚且不具備此方面的能力時，又如何協助學生身心健全發展？

《天下雜誌》實施之「2003年品格教育大調查」發現，八成以上的家長教師，認為台灣社會的品格愈來愈壞；七成以上的家長教師，認為中小學生品格教育遠不及十年前。政治人物與媒

體，也被指為亂源（何琪瑜，2003：42）。千代文教基金會對六年來台灣社會道德現況進行評估發現，七成民眾認為台灣人的品格正在沉淪（林宜靜，2006）；接近九成的受訪民眾同意「社會風氣受政治人物的行為影響」的說法；而受訪者也認為台灣社會「能騙則騙的人愈來愈多」，比例達百分之87.9％；對於影響品格和社會風氣的因素，民眾一致公推「媒體」（黃慧敏，2006）。下一代的價值觀是一面鏡子，反映的是我們這一代成人的作為。為了下一代的身心健全發展，為了整體國力的提升，為了國家社會的永續發展，從家庭、學校到社會；從媒體到政治人物，從教師到家長，我們能給台灣孩子多少良性的示範？台灣教改多年，爭執的焦點多數還是離不開「考試」與「升學」，而世界許多國家早已警覺到：「有好品格才有好未來」，紛紛把教育重點放在「培養能對自己負責，並能尊重別人的好公民」的議題，我們如不能及時推動並深耕品德教育於生活，就有可能如義美公司總經理高志明先生到教育部演講時提到的慨嘆：「我們培養出來優秀的大專學生，卻像是知識豐富的野獸。」（引自傅木龍，2003：101）

☙ 貳、回顧——我們為品德教育做了什麼？

面對當前層出不窮的青少年問題、家庭暴力、政治紛亂、社會道德沉淪等諸多亂象，教育應負起更大的責任，培養出有品德的現代國民，才能在物欲的社會中激濁揚清；在詭譎的政治生態裡做個中流砥柱。因此，在這個只追求物質與名利的時代，我們絕不能輕忽作為一個人應有的尊嚴與價值，更不能在科技的迷思中放棄人文的思想價值。在強調培養帶得走的能力時，更要把培

養高尚的品德作為每個人的共同中心思想與理念。在二十一世紀的今天，探究逐漸被人淡忘的倫理道德、品德操守，絕非唱高調，而是現代社會的必要。因為誠信與責任這些個人品德，正是保障自由民主體系能有效運作的底線。於此，筆者擬從相關文獻中試著釐清品德之概念並探討國內過去品德教育課程之發展。

一、品格、道德與品德名稱之釐清

在相關文獻中，品格、道德與品德等詞語，常被使用。一般人也常將其視為同義詞，於此將說明如下。

1. 品格：品格（character）這個字源自於古希臘 "charassein"，本意是「雕刻」，從此字引伸出品格的意義，也就是「行為的典型和道德規範」（引自吳寶珍，2003：1）。張春興和林清山（1987）認為品格除與「人格」的含義相混的解釋之外，另有二種說法：一是指經道德評價的人格，強調對人格特質價值的評定，諸如誠實、慷慨、忠勇、仁慈等，都是公認的好品格；而懶惰、吝嗇、虛偽、自私等，則是公認的壞品格。另一是把品格解釋為道德，強調人與人交往時的行為表現，例如守信、負責、守時等（張春興、林清山，1987：196）。

2. 道德：道德（moral）一詞出自拉丁文之 "moralis"，意思是習俗（custom）或禮儀（manners），指向人與人之間的關係（林火旺，2004：11）。張春興和林清山（1987）認為從現代的觀點而言，道德係指由情、理、法三者合成的社會規範，亦即道德標準；合情、合理、合法的行為則是道德行為（張春興、林清山，1987：196-197）。

3. 品德：從國外的文獻中，有許多關於character及moral方面的探討，經由翻譯後，而有「品格」與「道德」的不同稱呼。但品德一詞，則是國內常被使用的語言，李琪明（2003）將德行取向之道德教育，稱為「品德教育」（character education），以與一般之「道德教育」（moral education）有所區隔，其理由有二：(1) 當代道德教育多半自心理學角度出發，強調價值澄清或道德認知發展，並以實徵性研究典範為主，與強調核心概念的品德教育有所不同；(2) 凸顯「品德」二字的特點，品德是多數德行之累積與習慣養成，因此，德行也可說是品德所蘊含的特質。教育部於2003年9月召開「全國教育發展會議」，將「提升學生心理健康，建構新世紀品格與道德教育」列入中心議題並獲致共識，於會後成立品格與道德教育工作小組，完成品德教育促進方案（教育部，2004）。筆者實際參與品德教育促進方案之研訂過程，針對方案名稱該用「品格教育」或「品格及道德教育」，學者專家多有討論，最後以「品德教育」含有「品格及道德」之意涵且較為一般社會大眾所熟悉而定案。

綜上所述，品格涉及人格特質的評定，屬人格結構的一部分，亦涉及個人道德好壞的程度，屬俗稱之品行道德與風格；而道德則為合乎情、理、法之社會規範與行為標準。因此，品格與道德在某種程度與範疇上有其相通與適用之意。而品德一詞，從教育部研訂「品德教育促進方案」之思維，則似含有品格與道德之意旨。因此，本文中出現「品格」與「品德」之用語，乃因引用不同學者之觀點所致，二者共通適用。

二、品德教育課程之發展

在日常生活中的每一個情境，都可能和品德有關，舉凡人際互動、生活規範等，無不是品德教育實施的場所。如就品德教育之課程而言，在過去傳統的教育過程中，仍可發現其發展的脈絡，茲說明如下：

（一）1949年始，國小的德育課程，曾有「公民」、「公民訓練」、「公民與道德」等名稱（台北市政府教育局，2006）。

（二）1968年訂為「生活與倫理」，每一學期以一週一個中心德目的方式，進行「守法、禮節、正義、信實、公德、勇敢、知恥、寬恕、愛國、友愛、睦鄰、孝順、合作、勤學、有恆、節儉、負責、和平」十八個德目的重點教育（台北市政府教育局，2006）。

（三）1975年修訂課程標準，除「生活與倫理」設科教學，還安排每天上午第一節二十分鐘進行生活規範、道德行為之指導（陳秋蓉，2005：1）。隔年，柯柏格（Lawrence Kohlberg）的道德認知發展世界常模建立，發現我國小學生四年級以前比其他國家學生更迅速達到第二「道德成規期」之第三階段「人際和諧導向」，但四年級後則發展遲緩，使得1980至1990年期間，國內兩難問題討論法與價值澄清教學蔚為風潮（羅瑞玉，2005）。

（四）1993年版之課程標準，明訂「道德與健康」單獨設科，一到三年級採合科教學，四到六年級分科教學。此外，並因應現代潮流，調修原來十八個德目成為禮節、信實、勤儉、守法、孝敬、愛國、仁愛、正義八個德目（台北市政府教育局，2006）。

（五）1998年9月，教育部公布「國民教育階段九年一貫課程總綱綱要」，使德育課程在2001年後，課程在九年一貫正式課程中隱匿，德目教學畫上句點，僅能在「總綱」中提出的基本理念、三層面共十點的課程總目標，以及自社會學習領域與綜合活動學習領域的課程目標與分段能力指標，看到廣義的德育意涵與精神（李琪明，2003）。

三、品德教育促進方案之研訂

李奉儒（2004）認為九年一貫課程「統整」的作法，表面上道德教育不再被分割成各種中心德目，並得以融入各個學習領域來隨機教學，似乎讓道德教育有更大的發展空間，但道德教育如缺少教師的注意力與專業配合，將變成九年一貫課程的三不管地帶，缺乏真正的道德教學活動。因此，必須在師資職前教育與在職進修教育過程中，加強教師道德教育的專業知能，才有可能幫助教師適時地處理道德問題，並指導學生明辨是非，彌補九年一貫課程可能的缺憾（李奉儒，2004：41-42）。但昭偉認為推動道德教育的一項困難，就是道德教育工作者往往不夠好、也沒有壞過，這樣的道德教育工作者一方面無法起身教的作用，一方面也比較沒有辦法協助在道德方面最需要協助的學生，因此生活教育才應是道德教育的核心（但昭偉，2004：24）。張秀雄（2002）在比對分析社會學習領域課程總綱與課程九大主軸及其內涵後發現，總綱所列道德部分並沒有準確落實到能力指標與課程內涵中，因而將稱為「德育危機」。李琪明強調在民主、自由、多元與開放之新世紀，品德教育須與時俱進，揚棄窠臼與教條，以嶄新思維與前瞻觀點，從課程觀、學校觀與社會觀等三個面向九個

生命之探2：澄心向愛行

理念，導引出品德教育之五種教學模式，作為推動品德教育與培育優質公民之重要參考（李琪明，2004a：8）。李奉儒強調在迅速變遷的社會中，由於社會結構的改變及多元文化的發展，不可能再恢復傳統的生活與倫理，因而參考國外學者專家的理論與理念，研議並歸納出「尊重與關懷」是目前最能達成學生在道德認知與情感發展上所需的道德要素，並規劃以「尊重」與「關懷」作為道德融入教學的核心價值（李奉儒，2004：44）。

　　學者專家關心品德教育方面的議題，為國內推動品德教育提供許多建言，也為品德教育建立應有之理論基礎。此外，部分學校亦以品德教育為主題，進行相關之行動研究。例如，桃園縣新屋鄉社子國民小學在陳秋蓉校長主持下，以「國民小學實施全方位品德教育之研究」為題，獲得教育部94年度中小學教師行動研究之計畫案。該研究主要在探討品德教育之核心價值、規劃設計品德教育課程方案、建構品德教育之學生多元評量方式，並協助小學教師培養兒童優良品德（陳秋蓉，2005）。據該研究結論歸納出品德教育之核心價值分上、下學期，包括：上學期核心德目為友愛、禮節、尊重、寬恕、公德、誠實、合作、守法、關懷；下學期之九個核心德目分別為：(1) 自我要求（整潔、自律、節儉）；(2) 尊人愛物（孝順、服務、感恩、負責）；(3) 不斷學習（勤學、有恆）（陳秋蓉，2005：41）。而針對兒童品德的具體表現方面，該研究指出，有八成八的學生和九成三的家長認為，品德教育課程與教學對孩子的做人處事有幫助，尤其是「孝順」、「服務」、「整潔」三個德目，是小朋友自認做得最好的品德項目，家長認為小朋友做得最好的德目依序是「整潔」、「孝順」、「勤學」，而家長和小朋友都認同學生在「孝順」與

「整潔」方面表現得最好（陳秋蓉，2005：44）。同時該研究也建議未來在修九年一貫課程綱要時，能慎重依據社會之需求，將品德教育列入重大議題，以便教學現場的師生，能在各學習領域中，適時融入相關主題，落實品德教育之推動（陳秋蓉，2005：45）。

另外，台北市政府教育局亦委託台北市關渡國小進行「台北市國民小學品德教育實施現況之研究」，其目的在了解台北市國民小學實施品德教育的現狀、分析實施品德教育的核心價值及實施的困難、需求與建議。結果顯示，台北市國小教育人員認為責任、關懷、誠實是最重要的核心價值；校長與導師是品德教育推行的關鍵人物，多數導師在早上的導師時間進行品德教育，其次是綜合活動與語文課，也有部分教師會利用下課時間進行；有關實施品德教育教材方面，大部分教師採用新聞事件進行隨機教學，其次是採用品德教育相關書籍或繪本，也有部分比例的教師開始嘗試自編品德教育相關教材，而家長與社會公益與宗教團體積極參與，提供人力與教材的協助。其中有關實施品德教育之困難，包括：沒有合適的實施時間、沒有合適的教材、學校其他活動太多、課程進度上不完、部分社區家長認同度不高、社會整體環境的影響，其他因素包含教師的心態問題及成效無法立竿見影等。該研究也針對學校行政、教師、家長及教育局提出具體可行之建議，經筆者參照相關研究後，將其中較為重要且關鍵之建議摘引如下：(1) 培養相關人員正確的認知與心態，並能以身作則；(2) 整理相關教材提供教師參考，或鼓勵教師自編教材；(3) 引進社區資源並給予人力、物力的支援與協助；(4) 教學時間以融入式或利用彈性課程、綜合領域等時間為主；(5) 透過民主機制，建立

班級核心價值；(6) 面對日益增加之新移民子女、國際及兩岸交流之日漸頻繁，有必要建立各階段教育之品德教育核心價值；(7) 設立品德教育網站，作為資訊提供、訊息交換、各界交流的平台；(8) 加強整體社會環境的配合，尤其更應正視大眾媒體的影響力（台北市政府教育局，2006）。

教育部為因應層出不窮的青少年問題，並積極回應社會各界對品德教育的期待，特依2003年「全國教育發展會議」之結論，成立「品格及道德教育工作小組」，負責研擬「品德教育方案」，經過八次會議之討論，獲致基本共識後，為期周延與審慎，黃前部長特於2004年4月20日，邀請單樞機主教國璽及我國前駐梵諦岡大使戴瑞明先生與教育部主管同仁，一同分享落實品德教育之議題。最後，於2004年12月16日訂頒實施。該方案對於實施目標、期程、原則、策略、經費、組織分工、評估與考核、期望與成效，都有原則性的規範，也是各縣市政府及各級學校推動品德教育之重要依據（教育部，2004）。

☙ 參、行動──我們可以為品德教育做什麼？

品格教育強調多元整合，從體驗著手，落實於生活，並培養道德實踐能力。黃政傑認為品格教育應透過三個層面實施：(1) 認知層面：教導學生以正面角度思考問題，要能自己做判斷，在不同情境中，表現適切行為；(2) 情意方面：透過體驗和感動，讓學生真正體會到優良品格的價值性及重要性，幫助學生建立內在價值，在態度上表現良好品格；(3) 技能方面：培養品格上的真實能力，提供機會讓學生實際操作練習（何麗君、陳正祥，

2004）。美國波士頓大學教育學家瑞安（Kevin Ryan）提出品格教育五個 E 的教學模式：(1) 典範（example）：要以身作則，教師本身要成為道德典範；(2) 解釋（explanation）：認識良善不能靠灌輸，而要與學生真誠對話，來解除他們的疑惑並啟發他們的道德認知；(3) 勸勉（exhortation）：從感情上激勵學生喜愛良善的動機，鼓勵他們的道德勇氣；(4) 環境（environment）：要營造一個有人文藝術的環境，文雅語言、文雅談吐、優雅服儀氣質，並要創造一個讓學生感受到彼此尊重與合作的環境；(5) 體驗（experience）：教會學生一些有效的助人及服務技巧，安排班級外的活動，鼓勵學生積極參與，讓他們有機會親身體驗自己對別人或班級及學校有所貢獻（引自周慧菁，2003：59）。

從學者專家的研究及社會各界的期待，可以深刻體會到品德教育之重要與價值，但就實際現象觀察，品德教育無論在學校、家庭、社會，都未受到應有的重視。湯瑪斯·佛里曼（Thomas L. Friedman）在其所著《世界是平的》一書中，不斷的提醒我們，全球的競賽場已被剷平，我們現在身處的世界是平的，世界變平後，國家、文化、價值、認同、民主傳統、勞工與社群的保護規範等，所遭逢的挑戰就愈嚴厲，應該保留哪些？哪些又該讓它化為烏有，大家才能更好合作（楊振富、潘勛譯，2005：184）？抹平的世界裡，躲起來很難，串連則很容易，無形、有形的競爭已超越時空，過去，父母叮嚀孩子：「孩子啊！乖乖把飯吃完，因為中國跟印度的小孩沒飯吃。」在抹平的世界裡，可能要改以：「小寶寶！快快把書念好，因為中國跟印度的小孩正等著搶你的飯碗。」在抹平的世界裡，善於調適就是「懂得學會怎麼學」（楊振富、潘勛譯，2005：213）。的確，在資訊普及與創新的社

會，除了要具備謀生的知識，還要有更精緻的生活品質，才不至於在物質文明中失去人性的尊嚴與價值，而其中的關鍵要素，無庸置疑的就是高尚的品德。環顧各先進國家正努力透過各種管道強調品德教育的重要，也積極研訂方案，提升品德教育的成效與價值。在檢視國內品德教育的過去與現在後，或許已大致了解國內品德教育的困境與問題，也發現可以努力與改進的方向，身為教育工作者，是否能清楚且明確的採取有效的策略與方法，為品德教育播下一顆種子？

　　有關品德教育之理論、課程發展、教材與教法、人力與資源等，都是推動品德教育之重要一環。根據教育部訓育委員會（2003）彙整駐外單位蒐集之「各國推動品格及道德教育與學生行為規範概況」顯示，各國推動品格（道德）之方式大致可歸納為三種：(1) 實施品格（道德）教育課程之國家，包含美國、日本、韓國；(2) 結合宗教課程實施品格（道德）教育之國家，包含比利時、德國、奧地利、泰國、南非；(3) 將品格（道德）教育內涵融入現有相關課程之國家，包含英國、法國、加拿大、澳大利亞、哥斯大黎加。從上可知，品德教育之推動，並非一成不變，也非得一定有固定課程之實施，如能根據國情、社會發展、學校特色、學生需求，規劃妥適之推動方案與實施措施，或許也能在多變且多元的大環境中，逐漸奠立根基。因此，筆者根據教育現場的觀察與實際體驗，深刻體認只要具體、可行且有效，品德教育可以自然融入教學過程中，舉凡師生與同儕互動的每個環節，都是品德教育的契機，茲分述如下。

一、師生共同討論並訂定基本生活規範

在中小學班級中，訂定班級生活公約，幾乎是培養學生生活禮儀及品德之基本要件，但長久以來，生活公約的訂定過程是否經由充分討論與對話？是否讓學生了解其中的精神？是否與生活、學習相結合？是否落實執行並適時檢討修正？以上因素都可能影響其目標之達成。當讀到隆‧克拉克所著《優秀是教出來的》（悠文譯，2004），不難發現，這位優秀的教師所採用的方法，其實也是我們校園中長期所關注與倡導的，只是他以豐富的熱情與堅定的理念、更多的耐心與付出、積極的同理與引導，讓每位孩子都成為獨一無二。他先後教過兩所小學。第一所在北卡州偏僻的鄉下，學生很弱勢，資源很缺乏，結果他把那班教成全國知名，全班同學都獲得耶誕節前夕前往白宮作客的殊榮，與柯林頓總統伉儷一起唱〈平安夜〉。有一天他在電視上看到紐約市最貧窮的哈林區，那裡的學生更弱勢，資源更缺乏，一般教師更不想去教，他立刻決定搬到紐約市，找到電視節目中的那家環境奇差無比的小學，向校方毛遂自薦。結果兩年後，紐約市最難考的明星初中，考進去最多的就是他的學生。書上所寫「超基本五十五條」，除了搞笑的那一條之外，幾乎都是他從小被祖母教出來的做人規矩。他在本書中傳授許多經驗談，分享他教書生涯的許多小故事，也分享他從自己犯過的錯誤中所學到的教訓。他的方式往往與眾不同，但他總會詳加解釋為什麼要這樣。他為自己立下「我要給每個學生不同的人生」的願景，書中的「五十五個期待」，是他實踐教學願景的作法。這些其實都是平常的生活規條，但他花了很大的力氣，讓這些期待，成為學生在教室裡的好習慣。更重要的是，他要求學生做到，同時要求自己以身作

則，又不斷地為學生創造「驚喜」，「優秀」的學生就這樣一個個教出來了。茲舉書中二個例子如下：

1. 課堂上進行討論時，要尊重別的學生的看法和意見。盡可能這麼說：「我同意約翰的說法，而且我還覺得……」或是「我不同意莎拉的看法。她的觀點很好，可是我認為……」或是「我認為維克多的看法很棒，他的話讓我想到……」（悠文譯，2004：30）以上的說詞，表現出高度的尊重與委婉，一方面讓發言者感受到自己意見的價值，也讓回應者從不同的角度繼續分享與討論，這樣的對話，在我們的教育現場，似乎還有許多努力的空間。

2. 快速記住學校其他老師的姓名，並這樣打招呼：「葛蘭姆老師早」或「歐提茲老師好。老師今天穿得很漂亮。」（悠文譯，2004：112）每個人的名字都是獨一無二的，也是個人人格的一部分，記住對方的名字，讓對方感受被關注、被尊重，能建立友善與信賴的情誼。學生記住教師的名字並適時打招呼，顯示學生的禮貌與成熟，但身為教師呢？在教育現場，除導師外，其他科任教師是否也能熟記學生名字並主動相互打招呼？以筆者的經驗，開學前先索取選課名單並利用零碎時間記住學生名字，在第一節上課時，就能自然叫出每個學生，這樣的出其不意，可以快速拉近師生關係，也讓學生感受到教師的用心，對上課的氣氛與互動，有莫大的助益。

二、隨時提醒並以身作則

孩子從小在家裡，父母就會耳提面命，要維護環境整潔、要

有禮貌、要守秩序、要有公德心等,經過學校教育的引導,這些名詞更是耳熟能詳,但知道是一回事,做才是真正的工夫。筆者在開學第一節課時,便會提醒學生進到教室後,要先觀察三十秒,看看地上是否有垃圾並隨手撿起;是否有小組的同學缺席,如不知缺席原因,要即時用手機聯絡。當然,筆者進到教室,也會先主動掃視全班,了解哪些同學缺席;看看教室的環境,隨時彎下腰並拾起紙屑。如此,經過一段時間,養成習慣後,缺席的同學會事先請假,教室的整潔得以保持乾淨。這是品德中「關懷」的具體實踐,沒有太多的教條,也沒有任何誘因,只是讓它成為生活的一部分,進而內化為人格的重要元素。

此外,筆者從搭乘公車及捷運的觀察中也發現,博愛座的位置,經常被年輕人占據,能主動讓座的人也不是太多;下車時,能主動向司機說聲謝謝的,可能也不到四分之一;公車座位中,如果同一座椅之兩個座位是空的,部分的乘客常會先坐在靠走道的位置,而留下靠窗戶的座位,以致一般的乘客不好意思跨越入座,而讓窗戶旁的座位一直成為空位,對擁擠公車的乘客,不也是一種損失?筆者思索,這樣的選擇方式,可能是根深柢固「方便自己」的私心所導致,也是道德發展的缺陷。這些現象,社會大眾或許習以為常,但在課堂上,提醒同學並和同學討論,同學常能在分享與回憶中茅塞頓開,進而思索如何藉由同理與委婉的溝通,適時勸導讓座。

三、掌握社會脈動並隨機引導

社會上的諸多現象,如能妥善運用與引導,就是活生生的品德教育素材。當看到媒體報導台大校長李嗣涔在2006年新生訓練

中，期勉新生要做到「四不」時，筆者也利用課堂上短暫的時間，和同學討論「四不」的意義與價值，並藉此了解同學的想法與態度。同時，也要同學利用課餘時間思索就讀學校是否也需要「四不」？如果需要，是哪「四不」，除了四不之外，能否有更積極的「四要」？凡此，經由同學的思考與討論，成為全班同學關心的話題，也讓班級的氣氛變得活絡許多。最後，同學提出的「四不」是：不抽菸、不作弊、不污損桌面、不亂丟垃圾；而積極的層面則提出「六要」：要有禮貌（要彼此打招呼）、要早睡早起、要用心（關心、愛心、細心）、要有人文素養、要自備環保筷、要維持廁所整潔。

從同學提出的共識，可以發現這些「不」與「要」，可能也是當前校園推動品德教育最需要努力的方向。當同學獲致共識後，筆者和同學分享如何採取有效措施加以落實，經逐一討論、澄清與歸納後，提醒同學如何將這些重要的想法提供學校主管參考，於是，同學決定利用「三明治對話」的溝通方式，分別寫信給校長、副校長、學生事務長、總務長等師長，表達對學校的關懷與期待，這一連串的歷程，是同學學習關懷、尊重、真誠、勇敢的重要機會。茲舉二組同學信件的部分內容如下：(1) 關於近日在校內發生的偷竊案，令我們感到震驚，使得我們都不敢在早上一個人走去廁所，更不用說是晚上了，心裡更是感到害怕。我們認真觀察校園後，希望學校能多增設一些保全系統如：廣播、路燈、確實檢查樓梯轉角的監視器……等；(2) 我們發現校園死角：①垃圾場（垃圾場附近的照明不佳，加上環境整潔維持不易，容易孳生蚊蟲病菌，同學也曾發現過有老鼠）；②某棟大樓建築本身就老舊，加上平常除了上課之外，應該不會有人在那邊活動，如遭到校外不明人士闖入也難以

察覺；③各棟大樓之間的窄巷，沒有照明設備，晚上上課經過時感覺非常黑暗。筆者深信，教育工作者如能具備品德的涵養，隨時根據社會的脈動，適時引導同學思考並採取必要的行動，自然能將品德融入校園文化。

綜上所述，可以發現，要有效實施品德教育，並不是那麼困難，重要的是教育工作者之認知、態度與行動力。柏拉圖說：「一個人如果從小所受的心靈教育不好或不足，那麼長大後，他就會變成世界上最粗野的動物。」（引自魏津秋，2003）面對大環境的迷失，我們可以選擇批評、抱怨，但也可以選擇積極面對，為孩子們長遠的幸福播下一顆善的種子。誠如莎士比亞所說：「不要以為一個人既然做不到所有要做的事，就不去做自己能做的事。」（引自林慶昭，2003：178）

ᘉ 肆、習慣成自然──品德教育如氣息之間

品德是個人長時間內化的特質，會深刻的影響個人的言行舉止，也會對生活中各方面的人事物產生影響。一個具有優秀品德的人，能在人際互動中，傳遞著關懷、自信、真誠的氣息，也會在無形中為同伴們定下工作與生活的格調，提高工作的樂趣與效能，並促進生活的品味與活力。物理學中的規律，作用力和反作用力大小相等，也同樣適用於道德領域。善行為對行為者發生作用和反作用；惡行為也同樣如此。卡農‧莫斯利（Canon Moseley）指出：「善行總是產生無數的善行。善行從來不是獨一無二的，惡行也是如此。」（劉曙光、宋景堂、李伯先譯，2001：83）試想，三十幾年前，慈濟的證嚴上人在一灘血事件之

後，發動每位菜籃族每天捐五毛錢，就當時而言，五毛錢能發揮什麼樣的作用？但積少成多，時至今日，這五毛錢的運動，似乎已改變台灣的命運，它關照無數的難民與弱勢族群，更重要的是，它激發了人們心中那微小的善心，轉化成關懷社會的大愛，更提升我們的品德，它的影響力將持續不斷的傳播與生根，在這追求功利與冷漠的社會，更顯出它的珍貴與獨特！

人與人之間的互動，是品德影響的關鍵所在。不管是年輕人還是老年人，都會在不知不覺中模仿與之朝夕相處的伙伴。這種模仿能力，年輕人更甚於老年人。曾經有位母親告訴孩子：「正像我們的身體從所吃的食物中吸取有益的營養一樣，靈魂也會從我們所接觸的或好或壞的伙伴的行為和語言中，吸取美德或者邪惡。」（劉曙光等譯，2001：75）「人是習慣的奴隸」，柏拉圖告誡一個遊蕩的青年說：「一種習慣養成後，就再也無法改變過來。」那個青年回答：「逢場作戲有什麼關係呢？」這哲學家立刻正色說道：「不行，一件事一經嘗試，就會逐漸成為習慣，那就不是小事啦！」這實在是真理（引自何權峰，2001）。不良的行為形成難以改變的習慣，且人們無力抵抗這種慣性時，人們就會成為習慣的奴隸。

在教改列車中，似乎缺乏有形的品德教育主題，但教育主管機關依舊努力的透過各種管道，積極推動品德教育方案，只是在複雜多變的社會中，需要更多的行動與實踐，才能去繁化簡，讓品德回歸自然與單純；在各界喧囂與歧異的聲浪中，需要更多的包容與尊重，才能不斷調適，深入人們的生活與心靈。我們常說，一個好例子抵得上一千種理論，每一個積極努力的舉動

都會作為一個榜樣，在人群中產生一定的感染力。由於榜樣的影響，一個人的行為會對他的國民產生影響，以美國開國元首華盛頓（George Washington）為例，在他身後留給國家最寶貴的財富是：一個毫無瑕疵的生活楷模——偉大、誠實、純潔和高尚的品格，是所有後人在形成自己品格時仿效的榜樣（劉曙光、宋景堂、劉志明譯，2006：25）。在推動品德教育的過程中，我們也深切期待有更多的榜樣——他不必是有權有勢、也不必然是高社經地位，但必須是最真誠、最正直、最誠實、最願意付出關懷的人；他的言行就像人之吐納，自然且調和，是個人安身立命與國家發展的典範。只要有心、有願、有力，一切從基本做起，就能水到渠成。

❀參考書目

台北市政府教育局（2006）。**台北市國民小學品德教育實施現況之研究**。台北：台北市政府教育局。

白裕承（譯）（1998）。M. Albom著。**最後14堂星期二的課**（Tuesdays with Morrie）。台北：大塊文化。

何琪瑜（2003）。家長與老師品格教育大調查。**天下雜誌2003年教育特刊**，**287**，42-56。

何權峰（2001）。**心念的種籽**。台北：高寶。

何麗君、陳正祥（2004）。九年一貫課程中的品格教育——專訪台南師範學院校長黃政傑教授。**教育研究月刊**，**120**，33-34。

但昭偉（2004）。不夠好也沒有壞過的道德教育工作者與道德教育。**學生輔導雙月刊**，92，24-37。

吳寶珍（2003）。**國民中學品格與道德教育的內涵與實施研究**。國立彰化師範大學教育研究所碩士論文，未出版，彰化市。

李奉儒（2004）。九年一貫課程中實施道德教育的困境與突破。**學生輔導雙月刊，92**，38-55。

李琪明（2003）。德行取向之品德教育理論與實踐。**哲學與文化，30**（8），153-173。

李琪明（2004a）。品德教育之課程設計理念及其教學模式。**學生輔導雙月刊，92**，8-23。

李琪明（2004b）。品德本位校園文化之營造。**台灣教育，625**，30-38。

李宗祐、喬慧玲（2006，7月8日）。學子道德價值觀社會化取向 國中糾察隊4成「不舉發好友」。**中國時報**，C8版。

周慧菁（2003）。品格要怎麼教？**天下雜誌2003年教育特刊，287**，58-66。

林火旺（2004）。**倫理學**。台北：五南。

林慶昭（2003）。**讓你的心靈更富足——點亮心中的太陽**。台北：小知堂。

林宜靜（2006，7月25日）。七成民眾：台灣人的品格正在沉淪。**聯合報**，A11版。

張秀雄（2002）。九年一貫課程「社會學習領域」中的公民教育。**公民學報，11**，39-52。

張春興、林清山（1987）。**教育心理學**。台北：東華書局。

悠　文（譯）（2004）。R. Clark著。**優秀是教出來的**（The essential 55）。台北：雅言文化。

教育部（2004，12月16日）。**品德教育促進方案**。台北：教育部。

教育部訓育委員會（2003）。**世界各國推動品格（道德）教育與學生行為規範概況**。未出版，教育部訓育委員會，台北。

陳秋蓉（2005）。**國民小學實施全方位品德教育之研究**。教育部九十四年度中小學教師行動研究計畫。

傅木龍（2003）。**生命之探——來去間的智慧**。台北：心理。

黃慧敏（2006，7月24日）。**民調顯示社會風氣受政治人物行為影響**。中央社。取自http://tw.news.yahoo.com/060724/43/3dws4.html

推動品德教育其實不難

喻文玟（2006，10月27日）。李家同：品格教育問題是社會的責任。**聯合報**，C4版。

楊振富、潘　勛（譯）（2005）。T. L. Friedman著。**世界是平的**（The world is flat）。台北：雅言文化。

鄭淑芬（2006，6月21日）。全球禮貌大調查　台灣28名。**人間福報**，4版。

劉曙光、宋景堂、李伯先（譯）（2001）。S. Smiles著。**品格的力量**（Character）。台北：立緒文化。

劉曙光、宋景堂、劉志明（譯）（2006）。S. Smiles著。**品格的力量**（Character）（普及版）。台北：立緒文化。

謝文華（2006，10月15日）。**單車不亂停——台大四不　塑品格**。自由時報，A1版。

魏津秋（2003）。**天才的心靈教育**。台北：普天。

羅瑞玉（2005）。品格教育實施與融入綜合活動學習領域之探討。**國教天地，159**，30-42。

生命之探 2：澄心向愛行

國家圖書館出版品預行編目（CIP）資料

生命之探. 2，澄心向愛行／傅木龍著. --初版. --
臺北市：心理，2011.07
面；　　公分. --（生命教育系列；47014）
ISBN 978-986-191-439-8（平裝）

1. 生命教育　2. 文集

528.5907　　　　　　　　　　　　　100010510

生命教育系列 47014

生命之探 2：澄心向愛行

作　　者：傅木龍
執行編輯：林汝穎
總　編　輯：林敬堯
發　行　人：洪有義
出　版　者：心理出版社股份有限公司
地　　址：台北市大安區和平東路一段 180 號 7 樓
電　　話：(02) 23671490
傳　　真：(02) 23671457
郵撥帳號：19293172　心理出版社股份有限公司
網　　址：http://www.psy.com.tw
電子信箱：psychoco@ms15.hinet.net
駐美代表：Lisa Wu（Tel: 973 546-5845）
排　版　者：華藝數位股份有限公司
印　刷　者：呈峰彩色印刷有限公司
初版一刷：2011 年 7 月
初版四刷：2012 年 10 月
I S B N：978-986-191-439-8
定　　價：新台幣 260 元

◆九十九年度數位出版產業創新應用典範體系計畫補助出版◆